Wehne
2011

W0180298

Die deutschen Romantiker waren Rebellen gegen eine
brüchig gewordene Realität. Sie träumten von grenzen-
loser Freiheit, ganz im Einklang mit der Natur. Am
schönsten und eindrucksvollsten schlägt sich ihr Protest
in ihren Gedichten nieder. Hier versuchten sie ihrem
Ziel, der Poetisierung der Welt, näherzukommen.
Der Romantikspezialist Rüdiger Görner stellt in diesem
Geschenkbuch eine repräsentative Auswahl von den Früh-
romantikern bis zu den letzten Ausklängen der Spätro-
mantik zusammen, versammelt bekannte Kleinode neben
vielen zu Unrecht vergessenen Kostbarkeiten und lädt
zur Entdeckung ein.

Rüdiger Görner studierte Germanistik, Geschichte, Ang-
listik und Philosophie in Tübingen und an der University
of London. Dort ist er seit 2004 Professor of German Li-
terature and Founding Director of the Centre for Anglo-
German Cultural Relations am Queen Mary College.

Zu den Sternen fliegen

Gedichte der Romantik

Ausgewählt und herausgegeben
von Rüdiger Görner

Deutscher Taschenbuch Verlag

Von Rüdiger Görner
ist im Deutschen Taschenbuch Verlag erschienen:
August von Platen: Wer die Schönheit angeschaut
mit Augen (2395)

Originalausgabe
Mai 2008
Deutscher Taschenbuch Verlag GmbH & Co. KG,
München
www.dtv.de
© Deutscher Taschenbuch Verlag, München
Umschlagkonzept: Balk & Brumshagen
Umschlagbild: ›Part of the Milky Way
visible in winter, observed in 1874–1875‹
von Étienne Léopold Trouvelot
Gesetzt aus der Janson
Satz: Greiner & Reichel, Köln
Druck und Bindung: Druckerei C. H. Beck, Nördlingen
Gedruckt auf säurefreiem, chlorfrei gebleichtem Papier
Printed in Germany · ISBN 978-3-423-13660-0

Inhalt

> *»Romantisch nenne ich alles, was lebt,*
> *um sich zu sehnen.«*

Botho Strauß,
›Die Unbeholfenen‹ (2007)

Joseph von Eichendorff

Zwielicht

Dämmrung will die Flügel spreiten,
Schaurig rühren sich die Bäume,
Wolken ziehn wie schwere Träume –
Was will dieses Graun bedeuten?

Hast ein Reh du lieb vor andern,
Laß es nicht alleine grasen,
Jäger ziehn im Wald und blasen,
Stimmen hin und wieder wandern.

Hast du einen Freund hienieden,
Trau ihm nicht zu dieser Stunde,
Freundlich wohl mit Aug und Munde,
Sinnt er Krieg im tückschen Frieden.

Was heut müde gehet unter,
Hebt sich morgen neugeboren.
Manches bleibt in Nacht verloren –
Hüte dich, bleib wach und munter!

I

Sehnsucht und Traum

LUDWIG TIECK

Trennung

Muß es eine Trennung geben,
Die das treue Herz zerbricht?
Nein, dies nenne ich nicht leben,
Sterben ist so bitter nicht.

Hör' ich eines Schäfers Flöte,
Härme ich mich inniglich,
Seh' ich in die Abendröte,
Denk ich brünstiglich an dich.

Giebt es denn kein wahres Lieben?
Muß denn Schmerz und Trauer sein?
Wär ich ungeliebt geblieben,
Hätt' ich doch noch Hoffnungsschein.

Aber so muß ich nun klagen:
Wo ist Hoffnung, als das Grab?
Fern muß ich mein Elend tragen,
Heimlich stirbt das Herz mir ab.

Theodor Körner

Sehnsucht der Liebe

Wie die Nacht mit heil'gem Beben
Auf der stillen Erde liegt!
Wie sie sanft der Seele Streben,
Uepp'ge Kraft und volles Leben
In den süßen Schlummer wiegt!

Aber mit ewig neuen Schmerzen
Regt sich die Sehnsucht in meiner Brust.
Schlummern auch alle Gefühle im Herzen,
Schweigt in der Seele Qual und Lust:
Sehnsucht der Liebe schlummert nie,
Sehnsucht der Liebe wacht spät und früh.

Leis', wie Aeolsharfentöne,
Weht ein sanfter Hauch mich an.
Hold und freundlich glänzt Selene,
Und in milder, geist'ger Schöne
Geht die Nacht die stille Bahn.

Aber auf kühnen, stürmischen Wegen
Führt die Liebe den trunkenen Sinn.
Wie alle Kräfte gewaltig sich regen!
Ach! und die Ruhe der Brust ist dahin:

Sehnsucht der Liebe schlummert nie,
Sehnsucht der Liebe wacht spät und früh.

Tief, im süßen, heil'gen Schweigen,
Ruht die Welt und atmet kaum,
Und die schönsten Bilder steigen
Aus des Lebens buntem Reigen,
Und lebendig wird der Traum.

Aber auch in des Traumes Gestalten
Winkt mir die Sehnsucht, die schmerzliche, zu,
Und ohn' Erbarmen, mit tiefen Gewalten,
Stört sie das Herz aus der wonnigen Ruh':
Sehnsucht der Liebe schlummert nie,
Sehnsucht der Liebe wacht spät und früh.

So entschwebt der Kreis der Horen,
Bis der Tag im Osten graut.
Da erhebt sich, neugeboren,
Aus des Morgens Rosentoren,
Glühendhell die Himmelsbraut.

Aber die Sehnsucht in meinem Herzen
Ist mit dem Morgen nur stärker erwacht;
Ewig verjüngen sich meine Schmerzen,

Quälen den Tag und quälen die Nacht:
Sehnsucht der Liebe schlummert nie,
Sehnsucht der Liebe wacht spät und früh.

★

Das war ich

Jüngst träumte mir, ich sah auf lichten Höhen
Ein Mädchen sich im jungen Tag ergehen,
   So hold, so süß, daß es dir völlig glich.
Und vor ihr lag ein Jüngling auf den Knieen,
Er schien sie sanft an seine Brust zu ziehen,
   Und das war ich!

Doch bald verändert hatte sich die Scene,
In tiefen Fluthen sah ich jetzt die Schöne,
   Wie ihr die letzte, schwache Kraft entwich.
Da kam ein Jüngling hülfreich ihr geflogen,
Er sprang ihr nach und trug sie aus den Wogen,
   Und das war ich!

So malte sich der Traum in bunten Zügen,
Und überall sah ich die Liebe siegen,

Und Alles, Alles drehte sich um dich!
Du flog'st voran in ungebunc'ner Freie,
Der Jüngling zog dir nach mit stiller Treue,
   Und das war ich!

Und als ich endlich aus dem Traum erwachte,
Der neue Tag die neue Sehnsucht brachte,
   Da blieb dein liebes, süßes Bild um mich.
Ich sah dich von der Küsse Glut erwarmen,
Ich sah dich selig in des Jünglings Armen,
   Und das war ich!

Da trat'st du endlich auf des Lebens Wegen
Mit holder Anmut freundlich mir entgegen,
   Und tiefe, heiße Sehnsucht faßte mich.
Sahst du den Jüngling nicht mit trunk'nen Blicken?
Es schlug sein Herz im seligen Entzücken!
   Und das war ich!

Du zogst mich in den Kreis des höhern Lebens,
In dir vermählt sich alle Kraft des Strebens,
   Und alle meine Wünsche rufen dich.
Hat Einer einst dein Herz davon getragen,
Dürft' ich nur dann mit lautem Munde sagen:
   Ja, das war ich!

★

Das warst Du

Der Morgen kam auf rosichtem Gefieder
    Und weckte mich aus stiller Ruh';
Da wehte sanft Begeist'rung zu mir nieder,
Ein Ideal verklärte meine Lieder,
    Und das warst Du!

Bald aber warf in heißer Mittagsschwüle
    Die Sonne ihre Glut mir zu;
Da schwoll die Brust im höheren Gefühle,
Mein ganzes Streben flog zu Einem Ziele,
    Und das warst Du!

Doch endlich wehte den durchglühten Fluren
    Der Abend süße Kühlung zu,
Und nur ein Bild in duftigen Conturen
Umschwebte mich auf leisen Geisterspuren,
    Und das warst Du!

Und aus dem Meere kam die Nacht gestiegen,
    Und lockte mich zur süßen Ruh';
Da träumt' ich, hold an süßer Brust zu liegen,
In eines Mädchens Armen mich zu wiegen,
    Und das warst Du!

Doch ach! das schöne Bild ward mir entrissen,
   Die Welt der Träume schloß sich zu!
O laß mich wachend jetzt das Glück genießen;
Dann ruf' ich laut, durchglüht von deinen Küssen:
   Ja! das warst Du!

E. T. A. HOFFMANN

✒ Schwere Träume

Das war mir eine schwere Nacht,
Das war ein Traum von langer Dauer;
Welch weiten Weg hab ich gemacht
Durch alle Schrecken, alle Schauer!

Der Traum, er führt' mich an der Hand,
Wie den Äneas die Sibylle,
Durch ein avernisch dunkles Land,
Durch aller Schreckgestalten Fülle.

Was hilft es, daß die Glocke rief
Und mich geweckt zum goldnen Tage,
Wenn ich im Innern heimlich tief
Solch eine Hölle in mir trage?

CLEMENS BRENTANO

Nachtigall

Sehnsucht, Schwermut, Wehmut,
O wie schwüle Gefühle fühle
Ich im kleinen Herzen,
Daß ich stolz in Demut,
Recht im Glutgewühle
Mir den Mut erkühle
Und in bittern Schmerzen
Süß kann scherzen,
O du Liebeswiderspruch!
Stummes Echo, segensvoller Fluch,
Feuer das erquicket, Luft die ersticket,
Wasser, das dürstend flehet,
Erde, die wie Luft und Feuer wehet.
O wie ist der Streit so geschwinde und gelinde,
Daß die Lust die Liebe finde, beide überwinde
Mit dem blinden Kinde Amor, der die Binde
Seiner Augen niederreißt im Siege,
Um zu schauen, wie die Lieb' der Lust erliege,
Daß das Leben sich zu beiden schmiege,
Und er sieht, der Kampf ist nur die Wiege,
Daß die weinende Sehnsucht schwiege
Und das neue Leben schaukelnd gaukelnd
Zu den Sternen fliege.

★

Hörst du wie die Brunnen rauschen,
Hörst du wie die Grille zirpt?
Stille, stille, laß uns lauschen,
Selig, wer in Träumen stirbt.
Selig, wen die Wolken wiegen,
Wem der Mond ein Schlaflied singt,
O wie selig kann der fliegen,
Dem der Traum den Flügel schwingt,
Daß an blauer Himmelsdecke
Sterne er wie Blumen pflückt:
Schlafe, träume, flieg', ich wecke
Bald Dich auf und bin beglückt.

HEINRICH HEINE

Ich hab im Traum geweinet,
Mir träumte, du lägest im Grab.
Ich wachte auf, und die Träne
Floß noch von der Wange herab.

Ich hab im Traum geweinet,
Mir träumt', du verließest mich.
Ich wachte auf, und ich weinte
Noch lange bitterlich.

Ich hab im Traum geweinet,
Mir träumte, du bliebest mir gut.
Ich wachte auf, und noch immer
Strömt meine Tränenflut.

Allnächtlich im Traume seh ich dich,
Und sehe dich freundlich grüßen,
Und lautaufweinend stürz ich mich
Zu deinen süßen Füßen.

Du siehst mich an wehmütiglich,
Und schüttelst das blonde Köpfchen;
Aus deinen Augen schleichen sich
Die Perlenтränentröpfchen.

Du sagst mir heimlich ein leises Wort,
Und gibst mir den Strauß von Zypressen.
Ich wache auf, und der Strauß ist fort,
Und das Wort hab ich vergessen.

Joseph von Eichendorff

Sehnsucht

Es schienen so golden die Sterne,
Am Fenster ich einsam stand
Und hörte aus weiter Ferne
Ein Posthorn im stillen Land.
Das Herz mir im Leib entbrennte,
Da hab ich mir heimlich gedacht:
Ach, wer da mitreisen könnte
In der prächtigen Sommernacht!

Zwei junge Gesellen gingen
Vorüber am Bergeshang,
Ich hörte im Wandern sie singen
Die stille Gegend entlang:
Von schwindelnden Felsenschlüften,
Wo die Wälder rauschen so sacht,
Von Quellen, die von den Klüften
Sich stürzen in die Waldesnacht.

Sie sangen von Marmorbildern,
Von Gärten, die überm Gestein
In dämmernden Lauben verwildern,
Palästen im Mondenschein,
Wo die Mädchen am Fenster lauschen,
Wann der Lauten Klang erwacht

Und die Brunnen verschlafen rauschen
In der prächtigen Sommernacht. –

★

⚬   Meeresstille

Ich seh von des Schiffes Rande
Tief in die Flut hinein:
Gebirge und grüne Lande
Und Trümmer im falben Schein
Und zackige Türme im Grunde,
Wie ichs oft im Traum mir gedacht,
Wie dämmert alles da unten
Als wie eine prächtige Nacht.

Seekönig auf seiner Warte
Sitzt in der Dämmrung tief,
Als ob er mit langem Barte
Über seiner Harfe schlief;
Da kommen und gehen die Schiffe
Darüber, er merkt es kaum,
Von seinem Korallenriffe
Grüßt er sie wie im Traum.

Franz Grillparzer

Sehnsucht nach Liebe

Alles liebet, alles scherzet
In der fröhlichen Natur;
Alles küsset, alles herzet
Auf den Höhn in Wald und Flur!

Läßt der holde Lenz sich nieder,
Sanft umschwärmt vom lauen West,
Senkt der Vogel sein Gefieder,
Bauet liebend sich ein Nest.

Und der Löwe flieht das Morden,
Das sonst höchste Lust ihm schafft;
Er verläßt der Brüder Horden,
Huldigt Amors Zauberkraft.

Und dir soll ich mich entziehen,
Die *uns* menschlich fühlen lehrt?
Liebe! ach, dich soll ich fliehen,
Die der Tiger selbst verehrt?

Ich allein nur soll dich meiden,
Holde Spenderin der Lust?
Ich soll wilde Tiere neiden
Um das Fühlen ihrer Brust?

Nein! dem schönsten aller Triebe
Sei mein fühlend Herz geweiht!
Schenke mir Themirens Liebe,
Amor, Gott der Zärtlichkeit!

Friedrich Bach

Nachtphantasien

I

Einsamkeit

In der Einsamkeit der Wälder,
In der Einsamkeit der Nacht
Hör' ich, wie die Wasser rauschen,
Hör' ich, wie die Blätter fallen.

In der Einsamkeit des Herzens
Zähl' ich jeden Pendelschwung,
Und den schnellen Puls des Blutes,
Und der Stunden Flügelschlag.

2

In des Geistes tiefsten Tiefen
Treiben bangende Gedanken;
Und es sieht die Nacht so ahnend
Und so fatalistisch nieder.

Glänzend rundet sich der Himmel,
Wie die Kuppel der Moschee,
Und als Zeichen ragt der Halbmond,
Aufgestellt in dunst'ger Höh'!

Wem gelüstet's nicht zu fragen,
Was ihm aus den Sternen keime,
Wenn es sieht so fatalistisch
Und so ahnend alle Räume!

3
Still

Still ist's in den weiten Räumen
Einer träumerischen Nacht,
Wenn die vollen, grünen Knospen
Hoffend sich nach Aufgang wenden.

Still ist's auch in dunkeln Büschen,
Wo der wilde Tiger lauscht;
Still auch in den schwarzen Wolken,
Eh' das Wetter niederrauscht!

4
Der Leichenzug

Das Mühlrad treibt im raschen Schwung –
Das Mädchen steht am wilden Damm;
Weit weg, im stillen Weiher,
Da liegt ihr Vielgetreuer. –

Sie beugt sich – stürzt sich in den Schaum;
Bald schwimmt sie schon den Fluß entlang,
Der soll sie nun als Wagen
Zum Leichenzuge tragen

Die Fischlein, sie folgen dem Zug so stumm,
Als Räder wälzen die Wellen sich um,
Die Sterne führen den Fackelzug an,
Die Winde peitschen das wilde Gespann.

5
Der Traum

Wenn sich alle Läden schließen,
Wenn sich alle Augen schließen,
Dann beginnt der zaubervolle
Traum die Phantasmagorie!

Unser Herz, es ist der Spiegel,
Der die bunten Bilder fängt,
Und sie dann im farb'gen Spiele
An die dunkeln Wände wirft!

Wenn sich alle Läden öffnen,
Wenn sich alle Augen öffnen;

Licht wird's in der Zauberkammer,
Und es schwinden die Phantome!

ANNETTE VON DROSTE-HÜLSHOFF

Doppeltgänger

Kennst du die Stunden, wo man selig ist
In Schlaf und Wachens wunderlichem Segen?
's war eine Nacht, vom Taue wachgeküßt,
Das Dunkel fühlt ich kühl wie zarten Regen
An meine Wange gleiten, das Gerüst
Des Vorhangs schien sich schaukelnd zu bewegen –
Rings tiefe Stille, der das Ohr erlag,
Doch mir im Haupt war leises Summen wach.

Mir war so wohl und federleicht zu Mut,
So schwimmend, und die Wimper halb geschlossen;
Verlorne Funken zuckten durch mein Blut,
Von leisen Lauten wähnt ich mich umflossen;
's war eine Stunde, wo der Zeiger ruht,
Die Geisterstund verscholner Traumgenossen.
's war eine Nacht, wo man am Morgen fragt:
Hat damals oder hat es jetzt getagt?

Und immer heller ward der süße Klang,
Das liebe Lachen; es begann zu schwimmen
Wie Bilder von Daguerre die Deck entlang,
Es wisperte wie jugendliche Stimmen,

Wie halbvergeßner, ungewisser Sang;
Gleich Feuerwürmern sah ich Augen glimmen,
Dann wurden feucht sie, wurden blau und lind,
Und mir zu Füßen saß ein schönes Kind.

Das sah zu mir empor, so ernst gespannt,
Als quelle ihm die Seele aus den Blicken,
Bald schloß es, schmerzlich zuckend, seine Hand,
Bald schüttelt' es sie, funkelnd vor Entzücken,
Und horchend, horchend klomm es sacht heran
Zu meiner Schulter – und wo blieb es dann? –

O, wärens Geisterstimmen aus der Luft,
Die sich wie Vogelzwitschern um mich reihten!
Wär Grabesbrodem nur der leise Duft,
Der mich umseufzte aus verschollnen Zeiten!
Doch nur mein Herz ist ihre stille Gruft,
Und meine Heil'gen, meine einst Geweihten
Sie leben alle, wandeln allzumal –
Vielleicht zum Segen sich, doch mir zur Qual.

Friedrich Theodor Vischer

Angst

Warum denn dringt und dringet wieder
Mir Todesangst durch Mark und Bein?
Was rieselt durch die starren Glieder
Und schüttelt mich wie Fieberpein?

Hat alte Blutschuld eingeschrieben
Mich einst in der Lebend'gen Buch?
Sind mir nicht rein die Hände blieben
Von des Verbrechers ew'gem Fluch?

Verbirgt ein mörderischer Sünder
Sich unter meiner Ahnen Zahl
Und schwingt auf Kind und Kindeskinder
Ein zorn'ger Gott den Rachestrahl?

Nichts weiß ich von so dunklen Spuren,
Von eigner fluchbelegter Tat,
Ich wandle durch des Lebens Fluren
Schlicht wie ein andrer meinen Pfad.

Hab' ich zu kühn nach hellem Wissen,
Nach ungefärbtem Licht gestrebt,
Den Schleier allzu keck zerrissen,
Der sich um Kinderaugen webt?

O nein, ich habe nie gezaget
Vor dem Popanz der feigen Welt,
Ich hab' es immer drauf gewaget,
Daß auch die Irmensäule fällt.

Warum denn dringt und dringet wieder
Mir Todesangst durch Mark und Bein?
Was rieselt durch die starren Glieder
Und schüttelt mich wie Fieberpein?

Es steht ein altes Wort geschrieben,
Es schwebt mir vor. Wie heißt es nur?
Halbhell ist mir's im Geist geblieben,
Mir klingt's wie: Angst der Kreatur.

Ja, das wird's sein! Ihr Atem bebet,
Weil jeder Tag nur Schuldnerfrist,
Sie stirbt voraus, derweil sie lebet,
Sie weiß: sie ist nicht, weil sie ist.

O, mög' es ein Gewitter enden!
Um Sturm und Blitze fleht mein Schmerz,
O, send' ein Gott, die Angst zu wenden,
Mir jähe Schrecken in das Herz!

Vor Geistern auf dem Schlachtfeld stehen,
Das legt sich auf die Brust wie Blei;
Kann ich dem Feind ins Auge sehen,
Wird wohl der Atem wieder frei.

Und schreitet er in Feindes Reihen
Voran, der gründlich stets verfuhr:
Es sei! Der Tod nur kann befreien
Von aller Angst der Kreatur!

An die Entfernte

I

Diese Rose pflück ich hier,
In der fremden Ferne;
Liebes Mädchen, dir, ach dir
Brächt ich sie so gerne!

Doch bis ich zu dir mag ziehn
Viele weite Meilen,
Ist die Rose längst dahin,
Denn die Rosen eilen.

Nie soll weiter sich ins Land
Lieb von Liebe wagen,
Als sich blühend in der Hand
Läßt die Rose tragen;

Oder als die Nachtigall
Halme bringt zum Neste,
Oder als ihr süßer Schall
Wandert mit dem Weste.

Rosen fliehen nicht allein
Und die Lenzgesänge,
Auch dein Wangenrosenschein,
Deine süßen Klänge.

Oh, daß ich, ein Tor, ein Tor,
Meinen Himmel räumte!
Daß ich einen Blick verlor,
Einen Hauch versäumte!

Rosen wecken Sehnsucht hier,
Dort die Nachtigallen,
Mädchen, und ich möchte dir
In die Arme fallen!

★

Traumgewalten

Der Traum war so wild, der Traum war so schaurig
So tief erschütternd, unendlich traurig.
Ich möchte gerne mir sagen:
Daß ich ja fest geschlafen hab,
Daß ich ja nicht geträumet hab,
Doch rinnen mir noch die Tränen herab,
Ich höre mein Herz noch schlagen.

Ich bin erwacht in banger Ermattung,
Ich finde mein Tuch durchnäßt am Kissen,
Wie mans heimbringt von einer Bestattung;
Hab ichs im Traume hervorgerissen
Und mir getrocknet das Gesicht?
Ich weiß es nicht.
Doch waren sie da, die schlimmen Gäste,
Sie waren da zum nächtlichen Feste.

Ich schlief, mein Haus war preisgegeben,
Sie führten darin ein wüstes Leben.
Nun sind sie fort, die wilden Naturen;
In diesen Tränen find ich die Spuren,
Wie sie mir alles zusammengerüttet
Und über den Tisch den Wein geschüttet.

Hermann Kurz

Winternachtstraum

In einer schweren Nacht
Hab' ich geträumt viel Schmerzen,
Von eines Grabzugs Pracht,
Von düstern Leichenkerzen.

Die Liebe lag im Sarg,
Im weißen Totenkleide.
Ihr liebes Antlitz barg
Die dichte, schwarze Seide.

Und Schatten, unzählbar,
Sah ich leidtragend wandern;
Der letzt' ich selber war
Und folgte stumm den andern.

Auf kahlem Heideland,
Dahin wir uns gerichtet,
In weiter Öde stand
Ein Holzstoß aufgeschichtet.

Die Bahr' hinauf man trug,
Gefügt aus schwarzem Stamme,
Und um die Leiche schlug
Züngelnd empor die Flamme.

Nun regten sich die Reih'n
Der stummen Totengäste,
Und jeder warf hinein
Was er besaß das Beste.

Ich hatte nur mein Herz.
Die Glut empfing's, die hohe.
Da flammte himmelwärts
Die wilde Totenlohe.

Auf stieg sie als ein Stern,
Den sah ich lange funkeln,
Und wie er schwand so fern,
Lag ich erwacht im Dunkeln.

Erwacht? Ich weiß es kaum:
Seit jenem Nachtgesichte
Wandl' ich, ein wacher Traum,
Umher im Sonnenlichte.

II

Naturgefühl und Wanderlust

Die Kahnfahrt

Knaben, rudert geschwind, haltet den raschen Takt;
Jener Insel dort zu, welche der Lenz bewohnt,
   Wo die Grazien tanzen
     Bei Apollos gefälligem Spiel.

Seht die Sonne – sie sinkt hinter dem Buchenwald
Immer milde hinab in die entferntste Luft,
   Röter glänzen die Hügel,
     Die des Abends Erröten grüßt.

Becherfreude beim Kuß rosiger Mädchenschar
Harret meiner daselbst; sehet, sie winken schon.
   Uns soll Hesperus leuchten
     Bis zum neidischen Morgenstern.

E. T. A. Hoffmann

Reisen

Reisen soll ich, Freunde! reisen,
Lüften soll ich mir die Brust?
Aus des Tagwerks engen Gleisen
Lockt ihr mich zu Wanderlust?
Und doch hab ich tiefer eben
In die Heimat mich versenkt,
Fühle mich, ihr hingegeben,
Freier, reicher, als ihr denkt.

Nie erschöpf ich diese Wege,
Nie ergründ ich dieses Tal,
Und die altbetretnen Stege
Rühren neu mich jedesmal;
Öfters, wenn ich selbst mir sage,
Wie der Pfad doch einsam sei,
Streifen hier am lichten Tage
Teure Schatten mir vorbei.

Wann die Sonne fährt von hinnen,
Kennt mein Herz noch keine Ruh,
Eilt mit ihr von Bergeszinnen
Fabelhaften Inseln zu;

Tauchen dann hervor die Sterne,
Drängt es mächtig mich hinan,
Und in immer tiefre Ferne
Zieh ich helle Götterbahn.

Alt' und neue Jugendträume,
Zukunft und Vergangenheit,
Uferlose Himmelsräume
Sind mir stündlich hier bereit.
Darum, Freunde! will ich reisen;
Weiset Straße mir und Ziel!
In der Heimat stillen Kreisen
Schwärmt das Herz doch allzuviel.

CLEMENS BRENTANO

Auferstehung und Metamorphose

O liebliche! wie schön bist Du erstanden!
Die Rose in sich selbst so tief verglühet
Ist hoch in Dir, Du Lilie erblühet
In der sich Form und Inhalt schön verbanden.

O zürne nicht, weil ich es Dir gestanden,
Daß der, der um die Rose sich bemühet
Aus ihr Dich Lilie erstanden siehet
O zürne nicht, hast Du es gleich *verstanden*.

Was in der Rose Sinnenglut verglommen
Muß in der Lilie geist'ger sich entfalten
Muß sich in Licht und reiner Hoheit heben.

Wie Form und Geist sich ewig näherkommen
So wechseln immer höher die Gestalten
Doch wohnt nur eine Liebe in dem Leben.

Der Baum

Zwei Pole zeigt der grüne Baum,
Sie streben, sich zu scheiden;
Der eine strebt in Luft empor,
Der and're scheint zu leiden!

Der Gipfel sendet Wohlgeruch
Hoch in des Himmels Blau,
Der unt're Teil erbebt im Schmerz
Und weint den klarsten Tau!

Der eine treibt den frischen Keim
Im gold'nen Sonnenschein,
Der and're hüllt in's Dunkel sich
Der tiefen Schatten ein!

Doch, wie das Leben feindlich auch
Sie von einander drängt;
Im Herbste ruh'n die Blätter all'
Um ihren Stamm beengt!

Der Quell

Durch blaue Blumen sah ich
Den Quell so langsam rinnen. –
Ich sah in dein blaues Auge
Und konnte nicht von hinnen.

Es eilt der Bach so klagend
Im herben Trennungsweh,
Er möchte gern verweilen,
Bis er ein stiller See.

Doch, könnte der See sich bilden,
Es sprengt ihn die kommende Flut:
Und ich, ich muß von hinnen,
Und sei ich dir noch so gut!

JOSEPH VON EICHENDORFF

Der frohe Wandersmann

Wem Gott will rechte Gunst erweisen,
Den schickt er in die weite Welt;
Dem will er seine Wunder weisen
In Berg und Wald und Strom und Feld.

Die Trägen, die zu Hause liegen,
Erquicket nicht das Morgenrot,
Sie wissen nur von Kinderwiegen,
Von Sorgen, Last und Not um Brot.

Die Bächlein von den Bergen springen,
Die Lerchen schwirren hoch vor Lust,
Was sollt ich nicht mit ihnen singen
Aus voller Kehl und frischer Brust?

Den lieben Gott lass ich nur walten;
Der Bächlein, Lerchen, Wald und Feld
Und Erd und Himmel will erhalten,
Hat auch mein Sach aufs best bestellt!

Mondnacht

Es war, als hätt der Himmel
Die Erde still geküßt,
Daß sie im Blütenschimmer
Von ihm nun träumen müßt.

Die Luft ging durch die Felder,
Die Ähren wogten sacht,
Es rauschten leis die Wälder,
So sternklar war die Nacht.

Und meine Seele spannte
Weit ihre Flügel aus,
Flog durch die stillen Lande,
Als flöge sie nach Haus.

WILHELM MÜLLER

Der ewige Jude

Ich wandre sonder Rast und Ruh',
Mein Weg führt keinem Ziele zu;
Fremd bin ich in jedwedem Land
Und überall doch wohlbekannt.

Tief in dem Herzen klingt ein Wort,
Das treibt mich fort von Ort zu Ort,
Ich spräch's nicht aus, nicht laut, nicht leis',
Sollt' ew'ge Ruh' auch sein der Preis.

Es wärmt mich nicht der Sonne Licht,
Des Abends Tau, er kühlt mich nicht;
Ein lauer Nebel hüllt mich ein
In ewig gleichen Dämmerschein.

Kein Mensch sich je zu mir gesellt,
Es lacht kein Blick mir in der Welt,
Kein Vogel singt auf meinem Pfad,
Ob meinem Haupte rauscht kein Blatt.

So zieh ich Tag und Nacht einher,
Das Herz so voll, die Welt so leer;
Ich habe alles schon gesehn,
Und darf doch nicht zur Ruhe gehn.

Vom Felsen stürzt der Wasserfall,
Fort schäumt der Fluß im tiefen Tal,
Er eilt so froh der ew'gen Ruh',
Dem stillen Oceane zu.

Der Adler schwingt sich durch die Luft,
Verschwebend in des Äthers Duft,
Hoch in den Wolken steht sein Haus,
Auf Alpenspitzen ruht er aus.

Der Delphin durch die Fluten schweift,
Wenn in die Bucht der Schiffer läuft,
Und nach dem Sturm im Sonnenschein
Schläft er auf Wellenspiegeln ein.

Die Wolken treiben hin und her,
Sie sind so matt, sie sind so schwer;
Da stürzen rauschend sie herab,
Der Schoß der Erde wird ihr Grab.

Der müde Wandrer dieser Welt,
Ein sicher Ziel ist ihm gestellt;
Was klagt er ob des Tages Not?
Vor Nacht noch holt ihn heim der Tod.

O Mensch, der du den Lauf vollbracht,
Und gehest ein zur kühlen Nacht,
Bet', eh' du tust die Augen zu,
Für mich um *eine* Stunde Ruh'!

★

Wanderschaft

Das Wandern ist des Müllers Lust,
   Das Wandern!
Das muß ein schlechter Müller sein,
Dem niemals fiel das Wandern ein,
   Das Wandern.

Vom Wasser haben wir's gelernt,
   Vom Wasser!
Das hat nicht Rast bei Tag und Nacht,
Ist stets auf Wanderschaft bedacht,
   Das Wasser.

Das sehn wir auch den Rädern ab,
   Den Rädern!
Die gar nicht gerne stille stehn,
Die sich mein Tag nicht müde drehn,
   Die Räder.

Die Steine selbst, so schwer sie sind,
    Die Steine!
Sie tanzen mit den muntern Reihn
Und wollen gar noch schneller sein,
    Die Steine.

O Wandern, Wandern, meine Lust,
    O Wandern!
Herr Meister und Frau Meisterin,
Laßt mich in Frieden weiter ziehn
    Und wandern.

Wohin?

Ich hört' ein Bächlein rauschen
Wohl aus dem Felsenquell,
Hinab zum Tale rauschen
So frisch und wunderhell.

Ich weiß nicht, wie mir wurde,
Nicht, wer den Rat mir gab,
Ich mußte gleich hinunter
Mit meinem Wanderstab.

Hinunter und immer weiter,
Und immer dem Bache nach,
Und immer frischer rauschte
Und immer heller der Bach.

Ist das denn meine Straße?
O Bächlein, sprich, wohin?
Du hast mit deinem Rauschen
Mir ganz berauscht den Sinn.

Was sag' ich denn von Rauschen?
Das kann kein Rauschen sein:
Es singen wohl die Nixen
Dort unten ihren Reihn.

Laß singen, Gesell, laß rauschen,
Und wandre fröhlich nach!
Es gehn ja Mühlenräder
In jedem klaren Bach.

Der Lindenbaum

Am Brunnen vor dem Tore
Da steht ein Lindenbaum;
Ich träumt' in seinem Schatten
So manchen süßen Traum.

Ich schnitt in seine Rinde
So manches liebe Wort;
Es zog in Freud' und Leide
Zu ihm mich immerfort.

Ich mußt' auch heute wandern
Vorbei in tiefer Nacht,
Da hab' ich noch im Dunkel
Die Augen zugemacht.

Und seine Zweige rauschten,
Als riefen sie mir zu:
Komm her zu mir, Geselle,
Hier find'st du deine Ruh'!

Die kalten Winde bliesen
Mir grad' ins Angesicht,
Der Hut flog mir vom Kopfe,
Ich wendete mich nicht.

Nun bin ich manche Stunde
Entfernt von jenem Ort,
Und immer hör' ich's rauschen:
Du fändest Ruhe dort!

Letzte Hoffnung

Hier und da ist an den Bäumen
Noch ein buntes Blatt zu sehn,
Und ich bleibe vor den Bäumen
Oftmals in Gedanken stehn.

Schaue nach dem einen Blatte,
Hänge meine Hoffnung dran;
Spielt der Wind mit meinem Blatte,
Zittr' ich, was ich zittern kann.

Ach, und fällt das Blatt zu Boden,
Fällt mit ihm die Hoffnung ab,
Fall' ich selber mit zu Boden,
Wein' auf meiner Hoffnung Grab.

Kinderfrühling

Wollt euch nicht so schnell belauben,
Wälder, und mir wieder rauben
Diesen lieben Sonnenschein,
Den so lang' ich mußte missen,
Bis die Schleier er zerrissen,
Die den Himmel hüllten ein.

Zwischen knospenvollen Zweigen
Seh' ich auf und nieder steigen
Kleiner Vögel buntes Heer,
Seh' sie schnäbeln, seh' sie picken,
Und die schwanken Reiser nicken,
Denen ihre Last zu schwer.

Und der klare, blaue Himmel
Breitet hinter dem Gewimmel
Sich in stillem Frieden aus.
Wie durch kleine Fenstergitter
Spielt die Sonne mit Gezitter
Durch der Zweige Flechtenhaus.

Halbbegrünet stehn die Hecken,
Und die Nachbarskinder necken
Durch die dürren Lücken sich,

Bis das Mädchen röter glühet
Und zu dichtern Stellen fliehet
Vor dem Knaben jüngferlich.

Frühling, heute noch ein Knabe,
Treibet auf des Winters Grabe
Mit den Kindern seinen Scherz,
Bis der Gott der süßen Triebe
Mit dem Flammenpfeil der Liebe
Ihm durchbohrt das kleine Herz.

Kinderlust

Nun feget aus den alten Staub
Und macht die Laube blank!
Laßt ja kein schwarzes Winterlaub
Mir liegen auf der Bank!

Die erste weiße Blüte flog
Mir heut ins Angesicht.
Willkommen, Lenz! Ich lebe noch
Und weiß von Leice nicht;

Und schaue hell, wie du, hinein
In Gottes schöne Welt,
Und möcht' ein kleiner Bube sein
Und kollern durch das Feld.

O seht, da plätschern schon am See
Die lieben Kindelein,
Und ziehn die Hemdchen in die Höh',
Und wollen gern hinein.

Wie lockt der warme Sonnenschein,
Der auf dem Spiegel ruht!
Da ist kein Fuß zu weich, zu klein,
Er probt, wie's Wasser tut.

Ich sitz' und seh' dem Spiele zu
Und spiel' im Herzen auch:
Du lieber Lenz, ein Kind bist du,
Und übest Kinderbrauch.

Wie viel du hast, du weißt es kaum,
Und schüttest alles aus.
Nehmt, Kinder, nehmt! Es ist kein Traum!
Es kommt aus Gottes Haus.

Und wenn du nun ganz fertig bist,
Hast keine Blume mehr,
Dann gehst du wieder ohne Frist,
Kein Abschied wird dir schwer;

Und rufst dem Bruder Sommer zu:
Bringst du die Früchte her?
Was ich versprach, das halte du!
Ei, ei, dein Korb ist schwer!

Im Garten im Mondlicht

Im Garten im Mondlicht
Vernehm ich ein leises
Flüstern und Streiten.
Lilien und Rosen
Streiten, wer schöner
Von ihnen blühe;
Wenden die Häupter
Nach mir hin – ich gehe,
Der Mond sieht euch blühen,
Der soll's entscheiden!

FRANZ GRILLPARZER

Naturszene

Das Wasser rinnt vom Felsgestein
Und furcht die moos'ge Bank,
Die Gräser, hellgrün, schmal und klein,
Sie stehn umher und saugen's ein,
Gesättigt ohne Dank.
Und an die Blumen unterm Grün,
Wie Bürgerstöchter stolz,
In blau und rot und goldner Tracht,
Hat sich der Schmetterling gemacht;
Der saugt und küßt und schaukelt sich,
Und fliegt zuletzt davon,
So achtlos, daß am nächsten Tag
Er kaum noch mehr erkennen mag,
Wo er genossen schon.
Und drüber rauscht der Baum, als ob
Nichts unter ihm geschäh,
Nach rückwärts strebt der Fels empor,
Schaut gradaus in die Höh.
Die Wolken aber allzuhöchst
Ziehn hin mit Sturmsgewalt,
Sie weilen nicht, sie säumen nicht,
Rasch wechselnd die Gestalt.
Und durch das All voll Eigensucht

Geh ich mit finstrer Brust,
Vordem genoßner Treu und Lieb
Halb wie im Traum bewußt.

Reiselust

Kam zurück die Lust zu schweifen?
Wunsch zugleich und Scheu der Rast;
Drängt's den Mißmut abzustreifen
In gedankenloser Hast?

Sieh die Pferde schon bereitet,
Das Geräte schon beschickt,
Der Gesichtskreis ist erweitert,
Der Gesichtspunkt ist verrückt.

Und so geht's durch Deutschlands Gauen,
Peitschenstreichs von Ort zu Ort;
Müd das Auge schon zu schauen,
Und die Lippe müd des Worts. –

Roma, Roma! Goldne Stunden,
Als ich deine Zauber sah.
Jahre sind seitdem entschwunden
Und dein Reiz noch immer nah.

Damals auch trieb bittrer Kummer
Mich aus meinem Heimatland,
Einer Mutter Grabesschlummer,
Trüb ein mißgeschlungnes Band.

Doch wie anders und wie besser!
Die Erinnrung kam zur Rast,
Schwächer wie der Abstand größer,
Jeder Schritt nahm eine Last;

Und von jeder hohen Schwelle
Sah ein Himmlischer mich an,
Rückte sacht auf dem Gestelle,
Lud zu sich den Wandersmann.

Nun sind müder meine Füße,
Kummer hält schon gleichen Schritt,
Wo ich Tempel ehrend grüße
Nahm die Zeit die Götter mit.

Einer nur ist mir erschienen,
Aber ich ertrug ihn nicht,
Und der Abglanz seiner Mienen
Ward statt Flügel mir Gewicht.

Schien er wie ein Zeus zu schreiten,
Mir hielt er, ein Chronos, vor
All den Unterschied der Zeiten,
Ach, und all was ich verlor.

Der Dichter – Dichters Glück

I

Die ihr beim frohen Mahle lacht,
Euch eure Blumen zieht in Scherben
Und, was an Gold euch zugedacht,
Euch wohlbehaglich laßt vererben,
Ihr starrt dem Dichter ins Gesicht,
Verwundert, daß er Rosen bricht
Von Disteln, aus dem Quell der Augen
Korall und Perle weiß zu saugen;

Daß er den Blitz herniederlangt,
Um seine Fackel zu entzünden,
Im Wettertoben, wenn euch bangt,
Den rechten Odem weiß zu finden:
Ihr starrt ihn an mit halbem Neid,
Den Geisteskrösus seiner Zeit,
Und wißt es nicht, mit welchen Qualen
Er seine Schätze muß bezahlen.

Wißt nicht, daß ihn, Verdammten gleich,
Nur rinnend Feuer kann ernähren,
Nur der durchstürmten Wolke Reich

Den Lebensodem kann gewähren;
Daß, wo das Haupt ihr sinnend hängt,
Sich blutig ihm die Träne drängt,
Nur in des schärfsten Dornes Spalten
Sich seine Blume kann entfalten.

Meint ihr, das Wetter zünde nicht?
Meint ihr, der Sturm erschüttre nicht?
Meint ihr, die Träne brenne nicht?
Meint ihr, die Dornen stechen nicht?
Ja, eine Lamp hat er entfacht,
Die nur das Mark ihm sieden macht;
Ja, Perlen fischt er und Juwele,
Die kosten nichts – als seine Seele.

2

Locke nicht, du Strahl aus der Höh;
Noch lebt des Prometheus Geier.
Stille, still du leuchtender See;
Noch wachen die Ungeheuer
Über deines Hortes kristallnem Schrein.
Senk die Hand, mein fürstlicher Zecher!
Dort drunten bleicht das morsche Gebein
Des, der getaucht nach dem Becher.

Und du flatternder Fadenstrauß,
Du der Distel mystische Rose,
Strecke nicht deine Fäden aus
Mich umschlingend so lind und lose!
Flüstern oft hör ich dein Würmlein klein,
Das dir heilend im Schoß mag weilen.
Ach, muß ich denn die Rose sein,
Die zernagte, um andre zu heilen?

Nikolaus Lenau

Der Kranich

Stoppelfeld, die Wälder leer,
Und es irrt der Wind verlassen,
Weil kein Laub zu finden mehr,
Rauschend seinen Gruß zu fassen.

Kranich scheidet von der Flur,
Von der kühlen, lebensmüden,
Freudig ruft ers, daß die Spur
Er gefunden nach dem Süden.

Mitten durch den Herbstesfrost
Schickt der Lenz aus fernen Landen
Dem Zugvogel seinen Trost,
Heimlich mit ihm einverstanden.

O wie mag dem Vogel sein,
Wenn ihm durch das Nebeldüster
Zückt ins Herz der warme Schein
Und das ferne Waldgeflüster!

Hoch im Fluge übers Meer
Stärket ihn der Duft der Auen;
O wie süß empfindet er
Ahndung, Sehnsucht und Vertrauen!

Nebel auf die Stoppeln taut;
Dürr der Wald; – ich duld' es gerne,
Seit gegeben seinen Laut
Kranich, wandernd in die Ferne.

Hab ich gleich, als ich so sacht
Durch die Stoppeln hingeschritten,
Aller Sensen auch gedacht,
Die ins Leben mir geschnitten;

Hab ich gleich am dürren Strauch
Andres Welk bedauern müssen,
Als das Laub, vom Windeshauch
Aufgewirbelt mir zu Füßen:

Aber ohne Grant und Groll
Blick ich nach den Freudengrüften,
Denn das Herz im Busen scholl,
Wie der Vogel in den Lüften;

Ja, das Herz in meiner Brust
Ist dem Kranich gleich geartet,
Und ihm ist das Land bewußt,
Wo mein Frühling mich erwartet.

Heinrich Leuthold

Wanderlied

Und wieder jagt mich der Reisetrieb,
Und wandern möcht' ich von Pol zu Pol;
Drum, liebliches Kind, vielsüßes Lieb;
    Vielsüßes Lieb, leb' wohl!

Noch einmal, gestützt auf den Wanderstab,
Schau' ich zurück, schau' ich zurück;
Duftige Blüthen fallen herab,
    Und hemmen meinen Blick.

Nun folg' ich ohne Reiseziel
Der Vögel Flug, der Wolken Zug;
Des Schönen hat die Welt so viel,
    Hat auch für mich genug.

Und trag' ich gleich im leichten Kleid
Kein schimmerndes Gold, kein schimmerndes Gold,
Ist doch manch' Herz, manch' rosige Maid
    Dem Wanderburschen hold.

Und der Vögel Schlag in Busch und Hag,
Das Waldesdunkel, der Sonnenschein,
Und der klingende, singende Frühlingstag
    Ist Alles, ist Alles mein!

PAUL HEYSE

Der Tod im Baum

Im Nebelduft am Straßensaum
Da steht ein Ebereschenbaum.
Die Früchte schimmern blutigrot,
Im kahlen Wipfel hockt der Tod.

Die Fiedel hält die Knochenhand,
Mit Menschensehnen bleich bespannt.
Den Schädel, der wie Silber glänzt,
Ein Kranz von Vogelbeeren kränzt.

Der Kiefer blank die Zähne zeigt,
Er grinst vergnügt und singt und geigt.
Aus schwarzer Ackerfurch' zu hauf
Ein Schwarm von Krähen flattert auf.

Der Singsang des Gerippleins gellt:
»Nun bist du mein, du weite Welt!
Die schwarzen Vögel hör' ich schrein,
Ihr sollt die Totengräber sein.

Was je geblüht, was je gelacht,
Wird nun ins kalte Grab gebracht.
Die Welt ringsum liegt tot und stumm –
Was aber klingt dort für Gesumm?«

Ein Büblein kommt des Wegs daher,
Zur Schule trägt's sein Ränzel schwer.
Der Ostwind pfeift ihm ins Gesicht,
Den kleinen Mann bekümmert's nicht.

Und wie er tapfer fürbaß zieht,
Er summt ein lieblich Weihnachtslied.
Der Tod im Baume lauscht voll Grimm,
Möcht schweigen gern die Kinderstimm'.

Er wirft den Kranz ihm an den Kopf,
Da lacht hinauf der muntre Tropf:
Das schöne Kränzel heb' ich auf! –
Mit Schrein entschwirrt der Krähenhauf.

III

Klang- und Liebeszauber

WILHELM HEINRICH WACKENRODER

Siehe wie ich trostlos weine
In dem Kämmerlein alleine,
  Heilige *Cäcilia!*
Sieh mich aller Welt entfliehen,
Um hier still vor dir zu knien:
  Ach ich bete, sei mir nah!

Deine wunderbaren Töne,
Denen ich verzaubert fröne,
  Haben mein Gemüt verrückt.
Löse doch die Angst der Sinnen –
Laß mich in Gesang zerrinnen,
  Der mein Herz so sehr entzückt.

Möchtest du auf Harfensaiten
Meinen schwachen Finger leiten,
  Daß Empfindung aus ihm quillt;
Daß mein Spiel in tausend Herzen
Laut Entzücken, süße Schmerzen,
  Beides hebt und wieder stillt.

Möcht ich einst mit lautem Schalle
In des Tempels voller Halle
  Ein erhabnes Gloria

Dir und allen Heil'gen weihen,
Tausend Christen zu erfreuen:
  Heilige *Cäcilia!*

Öffne mir der Menschen Geister,
Daß ich ihrer Seelen Meister
  Durch die Kraft der Töne sei;
Daß mein Geist die Welt durchklinge,
Sympathetisch sie durchdringe,
  Sie berausch' in Phantasei!

E. T. A. HOFFMANN

Liebesfeuer

Vom Feuer, das in Liebenden sich dränget
Wie Ebb' und Flut, vernehmt geheime Kunde!
Sind sie getrennt, so bleibt es tief im Grunde
Der sehnsuchtsvollen Herzen eingeenget;

Nur Widerschein der Glut, die innen senget,
Gelangt zum dunkeln Aug und bleichen Munde;
Bis nun erscheint des Wiedersehens Stunde,
Wo sich das Feuer aus der Tiefe sprenget.

Wie erst mit heißen Blicken sie sich grüßen!
Wie beider lang verhaltne Flammen streben,
Sich zu vereinen durch das Spiel der Augen!

Bald senken sie die Wimpern, um in Küssen
Noch tiefer eins des andern glühend Leben
Aus Lippen, denn aus Augen, einzusaugen.

Der mißgelaunte Liebesdichter

Bedächten wir, verliebte Kunstgesellen,
An wen wir unsre Liebeslieder richten,
Das könnt' uns allen Liedermut zernichten,
Das möcht' uns allen Minnesang vergällen.

Was wissen Mädchen von kastal'schen Quellen?
Verzeihn sie doch dem Dichter kaum das Dichten;
Und zehnmal lieber sind mir noch die Schlichten
Als jene, die empfindungsreich sich stellen.

Was seh ich? teure Brüder, welch Ergrimmen!
Wollt ihr mit Flammenblicken mich verzehren?
Nein, edle Sänger, laßt euch nicht verstimmen!

Laßt immerfort die Saiten süß ertönen!
Die Welt sollt ihr mit Liedesklang verklären,
Verklärt denn auch die sogenannten Schönen!

Die Harfe

Ein Sänger hatt' ein Harfenspiel,
Und wenn die goldnen Saiten bebten,
Die Geister ihrer Gruft entschwebten,
Zu lauschen diesem Zauberspiel.

Er schlug es oft am grünen Bühl,
Der seiner Trauten Asche deckte;
Dann kehrte grüßend die Erweckte,
Des freut' er sich und weinte viel.

Und als auch er in stiller Nacht
Hinabsank zu der Vielbeweinten,
Da ward von seinen treuen Freunden
Die Harfe auf das Grab gebracht.

Und sieh! sein Geist erschwinget sich;
Er neigt sich zu dem Spiele nieder
Und rührt die goldnen Saiten wieder
Und rührt sie sanft und minniglich.

Da hebt auch seine Schläferin
Sich herrlich aus dem Schoß der Grüfte;
Sie wandeln traulich durch die Lüfte
Mit süßem Harfenklange hin.

★

Der Romantiker und der Rezensent

Mondbeglänzte Zaubernacht,
Die den Sinn gefangenhält,
Wundervolle Märchenwelt,
Steig auf in der alten Pracht!
Tieck

Romantiker

Finster ist die Nacht und bange,
Nirgends eines Sternleins Funkel!
Dennoch in verliebtem Drange
Wandl ich durch das grause Dunkel
Mit Gesang und Lautenklange.
Wenn Kamilla nun erwacht
Und das Lämpchen freundlich facht,
Dann erblick ich, der Entzückte,
Plötzlich eine sterngeschmückte,
Mondbeglänzte Zaubernacht.

Rezensent

Laß Er doch sein nächtlich Johlen,
Poetaster Helikanus!
Was Er singt, ist nur gestohlen
Aus dem Kaiser Oktavianus,
Der bei mir nicht sehr empfohlen,

Den ich der gelehrten Welt
Von den Alpen bis zum Belt
Preisgab als ein Werk der Rotte,
Die den Unsinn hub zum Gotte,
Die den Sinn gefangen wält.

Romantiker

Welche Stimme, rauh und heischer!
Ist das wohl der Baur Hornvilla?
Ist es Klemens wohl, der Fleischer?
Von den Fenstern der Kamilla
Heb dich weg, du alter Kreischer!
Was die krit'sche Feder hält
Von den Alpen bis zum Belt,
Wüt es doch zu Haus und schäume,
Nur verschon es *ihrer* Träume
Wundervolle Märchenwelt!

Rezensent

Bänkelsänger, Hackbrettschläger,
Volk, das nachts die Stadt durchleiert,
Nennt sich jetzt der Musen Pfleger;
Nächstens, wenn Apoll noch feiert,
Dichten selbst die Schornsteinfeger.
Zeit, wo man mit Wohlbedacht

Nur latein'schen Vers gemacht,
Zeit gepuderter Perücken,
Drauf Pfalzgrafen Lorbeern drücken,
Steig auf in der alten Pracht!

CLEMENS BRENTANO

Geheime Liebe

Unbeglückt muß ich durchs Leben gehen,
Meine Rechte sind nicht anerkannt;
Aus der Liebe schönem Reich verbannt,
Muß ich dennoch stets ihr Schönstes sehen!

Nicht die schwache Zunge darf's gestehen,
Nicht der Blick verstohlen zugesandt,
Was sich eigen hat das Herz ernannt,
Nicht im Seufzer darf's der Brust entwehen!

Tröstung such' ich bei der fremden Nacht,
Wenn der leere lange Tag vergangen,
Ihr vertrau' ich mein geheim Verlangen;

Ist in Tränen meine Nacht durchwacht,
Und der lange leere Tag kommt wieder,
Still ins Herz steigt meine Liebe nieder.

Wilhelm Waiblinger

Die Töne

Freundinnen der flüchtigen Horen seid ihr
Töne doch vor allen, geheim im Bunde
Steht ihr, und das Schönste, die Seele nach dem
    Traurigen Tode

Lassen jene Genien zurück in eurer
Sanften unvergänglichen Macht und Schöne,
Ja ihr weckt sie immer zu neuem Leben
    Selbst aus dem Grab' auf.

Meine Kindheit schließt mir im Flötenklange
Ihre Rosenwelt und den tiefen Kelch auf,
Dessen Duft einst, wie der Gedank' im Herzen,
    Lange geschlummert.

Wie vermöcht' ich jenen Gesang, die Stimme
Ihrer heißen Sehnsucht, der ersten Liebe
Klagelaut, und all' das unsäglich Zarte
    Noch zu ertragen,

Wenn's einmal in rauschenden Melodien
Freudejauchzend, ach aus so ganz verlornen
Blumentagen, wieder zum Herzen kehrte,
    Wo es gestorben.

Das, o Töne, wie ich auch oft es fühle,
Das ertrug' ich nicht. Denn der Freud' und Jugend
Schwand mir so viel, daß die Erinn'rung nicht, nur
    Lethe mich tröstet.

Eines aber lieb' ich, wenn meiner Leiden
Und Verluste schmerzlicher Seufzerlaut und
All' mein Weh, gleich Aeolus' Luften, leise
    Mir in des Herzens

Düstre tiefzerfallne Ruine spielet:
Denn mir ist, als kämen die Geister meiner
Lieben schon von jenseit zurück in solchen
    Sel'gen Akkorden.

Vergiftet sind meine Lieder; –
Wie könnt es anders sein?
Du hast mir ja Gift gegossen
Ins blühende Leben hinein.

Vergiftet sind meine Lieder; –
Wie könnt es anders sein?
Ich trage im Herzen viel Schlangen,
Und dich, Geliebte mein.

Ich weiß nicht was soll es bedeuten,
Daß ich so traurig bin;
Ein Märchen aus alten Zeiten,
Das kommt mir nicht aus dem Sinn.

Die Luft ist kühl und es dunkelt,
Und ruhig fließt der Rhein;
Der Gipfel des Berges funkelt
Im Abendsonnenschein.

Die schönste Jungfrau sitzet
Dort oben wunderbar;

Ihr goldnes Geschmeide blitzet,
Sie kämmt ihr goldenes Haar.

Sie kämmt es mit goldenem Kamme
Und singt ein Lied dabei;
Das hat eine wundersame,
Gewaltige Melodei.

Den Schiffer im kleinen Schiffe
Ergreift es mit wildem Weh;
Er schaut nicht die Felsenriffe,
Er schaut nur hinauf in die Höh.

Ich glaube, die Wellen verschlingen
Am Ende Schiffer und Kahn;
Und das hat mit ihrem Singen
Die Lore-Ley getan.

Franz Grillparzer

Notturno
(Musik von Schubert)

Zögernd, stille,
In des Dunkels nächt'ger Hülle,
Sind wir hier.
Und, den Finger leicht gekrümmt,
Leise, leise,
Pochen wir
An des Liebchens Kammertür.

Doch nun steigend,
Hebend, schwellend
Stark und stärker, lauter, laut
Rufen aus wir hochvertraut:
Schlaf du nicht,
Wenn der Freundschaft Stimme spricht!

Sucht' ein Weiser, nah und ferne,
Menschen einst mit der Laterne;
Wie viel seltner dann als Gold
Menschen, uns geneigt und hold.
Drum, wenn Freundschaft, Liebe spricht,
Freundin, Liebchen, schlaf du nicht!

Aber was in allen Reichen
Wär dem Schlummer zu vergleichen?
Was du weißt und hast und bist,
Zahlt nicht was der Schlaf vergißt!
Drum, statt aller Freundschaftsgaben,
Sollst du nun auch Ruhe haben.
Noch ein Grüßchen, noch ein Wort!
Es verstummet unsre Weise;
Leise, leise
Schleichen wir uns wieder fort.

WILHELM MÜLLER

Der Leiermann

Drüben hinterm Dorfe
Steht ein Leiermann,
Und mit starren Fingern
Dreht er, was er kann.

Barfuß auf dem Eise
Schwankt er hin und her,
Und sein kleiner Teller
Bleibt ihm immer leer.

Keiner mag ihn hören,
Keiner sieht ihn an,
Und die Hunde brummen
Um den alten Mann.

Und er läßt es gehen,
Alles wie es will,
Dreht, und seine Leier
Steht ihm nimmer still.

Wunderlicher Alter!
Soll ich mit dir gehn?
Willst zu meinen Liedern
Deine Leier drehn?

Joseph von Eichendorff

Wünschelrute

Schläft ein Lied in allen Dingen,
Die da träumen fort und fort,
Und die Welt hebt an zu singen,
Triffst du nur das Zauberwort.

JUSTINUS KERNER

Die Äolsharfe in der Ruine

In des Turms zerfallner Mauer
Tönet bei der Lüfte Gleiten
Mit bald halb zerrißnen Saiten
Eine Harfe noch voll Trauer.

In zerfallner Körperhülle
Sitzt ein Herz, noch halb besaitet,
Oft ihm noch ein Lied entgleitet
Schmerzreich in der Nächte Stille.

Der Gesang im Ofen

Wer sang in meinem Ofen
Heut nacht so wunderbar,
Wie nie ein andres Singen
Mir herzergreifend war?

Lang war's, als säng' in Flammen
Unsel'ger Geister Chor,
Dann aber sang's in Worten
So tönend meinem Ohr:

Du forschest, was so singet
In deines Ofens Raum.
Ich bin's, der Ast von einem
Gefällten Tannenbaum.

Vom Baume, der geschnitten
Schon längst in Bretter breit,
Der Schreiner hobelt singend:
»Mach, Alter, dich bereit!«

So sang es kurz in Worten,
In Tönen doch noch lang,
Bis mich in Schlaf und Träume
Einlullte der Gesang.

EDUARD MÖRIKE

Gesang zu zweien in der Nacht

Sie:
Wie süß der Nachtwind nun die Wiese streift,
Und klingend jetzt den jungen Hain durchläuft!
Da noch der freche Tag verstummt,
Hört man der Erdenkräfte flüsterndes Gedränge,
Das aufwärts in die zärtlichen Gesänge
Der reingestimmten Lüfte summt.

Er:
Vernehm ich doch die wunderbarsten Stimmen,
Vom lauen Wind wollüstig hingeschleift,
Indes, mit ungewissem Licht gestreift,
Der Himmel selber scheinet hinzuschwimmen.

Sie:
Wie ein Gewebe zuckt die Luft manchmal,
Durchsichtiger und heller aufzuwehen;
Dazwischen hört man weiche Töne gehen
Von sel'gen Feen, die im blauen Saal
Zum Sphärenklang,
Und fleißig mit Gesang,
Silberne Spindeln hin und wider drehen.

Er:

O holde Nacht, du gehst mit leisem Tritt
Auf schwarzem Samt, der nur am Tage grünet,
Und luftig schwirrender Musik bedienet
Sich nun dein Fuß zum leichten Schritt,
Womit du Stund um Stunde missest,
Dich lieblich in dir selbst vergissest –
Du schwärmst, es schwärmt der Schöpfung Seele mit!

Nimmersatte Liebe

So ist die Lieb! So ist die Lieb!
Mit Küssen nicht zu stillen:
Wer ist der Tor und will ein Sieb
Mit eitel Wasser füllen?
Und schöpfst du an die tausend Jahr,
Und küssest ewig ewig gar,
Du tust ihr nie zu Willen.

Die Lieb, die Lieb hat alle Stund
Neu wunderlich Gelüsten;
Wir bissen uns die Lippen wund,
Da wir uns heute küßten.

Das Mädchen hielt in guter Ruh,
Wie's Lämmlein unterm Messer;
Ihr Auge bat: nur immer zu,
Je weher, desto besser!

So ist die Lieb, und war auch so,
Wie lang es Liebe gibt,
Und anders war Herr Salomo,
Der Weise, nicht verliebt.

Schön-Rohtraut

Wie heißt König Ringangs Töchterlein?
   Rohtraut, Schön-Rohtraut.
Was tut sie denn den ganzen Tag,
Da sie wohl nicht spinnen und nähen mag?
   Tut fischen und jagen.
O daß ich doch ihr Jäger wär!
Fischen und jagen freute mich sehr.
   – Schweig stille, mein Herze!

Und über eine kleine Weil,
   Rohtraut, Schön-Rohtraut,

So dient der Knab auf Ringangs Schloß
In Jägertracht und hat ein Roß,
   Mit Rohtraut zu jagen.
O daß ich doch ein Königssohn wär!
Rohtraut, Schön-Rohtraut lieb ich so sehr.
   – Schweig stille, mein Herze!

Einsmals sie ruhten am Eichenbaum,
   Da lacht Schön-Rohtraut:
Was siehst mich an so wunniglich?
Wenn du das Herz hast, küsse mich!
   Ach! erschrak der Knabe!
Doch denket er: mir is's vergunnt,
Und küsset Schön-Rohtraut auf den Mund.
   – Schweig stille, mein Herze!

Darauf sie ritten schweigend heim,
   Rohtraut, Schön-Rohtraut;
Es jauchzt der Knab in seinem Sinn:
Und würdst du heute Kaiserin,
   Mich sollt's nicht kränken:
Ihr tausend Blätter im Walde wißt,
Ich hab Schön-Rohtrauts Mund geküßt!
   – Schweig stille, mein Herze!

★

Gesang Weylas

Du bist Orplid, mein Land!
Das ferne leuchtet;
Vom Meere dampfet dein besonnter Strand
Den Nebel, so der Götter Wange feuchtet.

Uralte Wasser steigen
Verjüngt um deine Hüften, Kind!
Vor deiner Gottheit beugen
Sich Könige, die deine Wärter sind.

Peregrina
(Aus: Maler Nolten)

I

Der Spiegel dieser treuen, braunen Augen
Ist wie von innerm Gold ein Widerschein;
Tief aus dem Busen scheint er's anzusaugen,
Dort mag solch Gold in heilgem Gram gedeihn.
In diese Nacht des Blickes mich zu tauchen,

Unwissend Kind, du selber läßt mich ein –
Willst, ich soll kecklich mich und dich entzünden,
Reichst lächelnd mir den Tod im Kelch der Sünden!

2

Aufgeschmückt ist der Freudensaal.
Lichterhell, bunt, in laulicher Sommernacht
Stehet das offene Gartengezelte.
Säulengleich steigen, gepaart,
Grün-umranket, eherne Schlangen,
Zwölf, mit verschlungenen Hälsen,
Tragend und stützend das
Leicht gegitterte Dach.

Aber die Braut noch wartet verborgen
In dem Kämmerlein ihres Hauses.
Endlich bewegt sich der Zug der Hochzeit,
Fackeln tragend,
Feierlich stumm.
Und in der Mitte,
Mich an der rechten Hand,
Schwarz gekleidet, geht einfach die Braut;
Schöngefaltet ein Scharlachtuch
Liegt um den zierlichen Kopf geschlagen.
Lächelnd geht sie dahin das Mahl schon duftet.

Später im Lärmen des Fests
Stahlen wir seitwärts uns beide
Weg, nach den Schatten des Gartens wandelnd,
Wo im Gebüsche die Rosen brannten,
Wo der Mondstrahl um Lilien zuckte,
Wo die Weymouthsfichte mit schwarzem Haar
Den Spiegel des Teiches halb verhängt.

Auf seidnem Rasen dort, ach, Herz am Herzen,
Wie verschlangen, erstickten meine Küsse den
                                              scheueren Kuß!
Indes der Springquell, unteilnehmend
An überschwenglicher Liebe Geflüster,
Sich ewig des eigenen Plätscherns freute;
Uns aber neckten von fern und lockten
Freundliche Stimmen,
Flöten und Saiten umsonst.

Ermüdet lag, zu bald für mein Verlangen,
Das leichte, liebe Haupt auf meinem Schoß.
Spielender Weise mein Aug auf ihres drückend
Fühlt ich ein Weilchen die langen Wimpern,
Bis der Schlaf sie stellte,
Wie Schmetterlingsgefieder auf und nieder gehn.

Eh das Frührot schien,
Eh das Lämpchen erlosch im Brautgemache,
Weckt ich die Schläferin,
Führte das seltsame Kind in mein Haus ein.

3

Ein Irrsal kam in die Mondscheingärten
Einer einst heiligen Liebe.
Schaudernd entdeckt ich verjährten Betrug.
Und mit weinendem Blick, doch grausam,
Hieß ich das schlanke,
Zauberhafte Mädchen
Ferne gehen von mir.
Ach, ihre hohe Stirn,
War gesenkt, denn sie liebte mich;
Aber sie zog mit Schweigen
Fort in die graue
Welt hinaus.

Krank seitdem,
Wund ist und wehe mein Herz.
Nimmer wird es genesen!

Als ginge, luftgesponnen, ein Zauberfaden
Von ihr zu mir, ein ängstig Band,
So zieht es, zieht mich schmachtend ihr nach!
– Wie? wenn ich eines Tags auf meiner Schwelle
Sie sitzen fände, wie einst, im Morgen-Zwielicht,
Das Wanderbündel neben ihr,
Und ihr Auge, treuherzig zu mir aufschauend,
Sagte, da bin ich wieder
Hergekommen aus weiter Welt!

4

Warum, Geliebte, denk ich dein
Auf einmal nun mit tausend Tränen,
Und kann gar nicht zufrieden sein,
Und will die Brust in alle Weite dehnen?

Ach, gestern in den hellen Kindersaal,
Beim Flimmer zierlich aufgesteckter Kerzen,
Wo ich mein selbst vergaß in Lärm und Scherzen,
Tratst du, o Bildnis mitleid-schöner Qual;
Es war dein Geist, er setzte sich ans Mahl,
Fremd saßen wir mit stumm verhaltnen Schmerzen;
Zuletzt brach ich in lautes Schluchzen aus,
Und Hand in Hand verließen wir das Haus.

5

Die Liebe, sagt man, steht am Pfahl gebunden,
Geht endlich arm, zerrüttet, unbeschuht;
Dies edle Haupt hat nicht mehr, wo es ruht,
Mit Tränen netzet sie der Füße Wunden.

Ach, Peregrinen hab ich so gefunden!
Schön war ihr Wahnsinn, ihrer Wange Glut,
Noch scherzend in der Frühlingsstürme Wut,
Und wilde Kränze in das Haar gewunden.

War's möglich, solche Schönheit zu verlassen?
– So kehrt nur reizender das alte Glück!
O komm, in diese Arme dich zu fassen!

Doch weh! o weh! was soll mir dieser Blick?
Sie küßt mich zwischen Lieben noch und Hassen,
Sie kehrt sich ab, und kehrt mir nie zurück.

IV

Lebenszeit und Alter

Ludwig Tieck

Zeit

So wandelt sie, im ewig gleichen Kreise
Die Zeit nach ihrer alten Weise,
Auf ihrem Wege taub und blind,
Das unbefangene Menschenkind
Erwartet stets vom nächsten Augenblick
Ein unverhofftes seltsam neues Glück.
Die Sonne geht und kehret wieder,
Kommt Mond und sinkt die Nacht hernieder,
Die Stunden die Wochen abwärts leiten,
Die Wochen bringen die Jahreszeiten.
Von außen nichts sich je erneut,
In Dir trägst Du die wechselnde Zeit,
In Dir nur Glück und Begebenheit.

E. T. A. HOFFMANN

Kreislauf

Wie mußte meines Lebens Kreis sich schließen!
Es kehrt der Tag der hohen Liebesfreuden,
Die mir nach Jahren namenloser Leiden
So süße Spuren noch im Herzen ließen.
Es kehrt der Tag, wo sich zu meinen Füßen
Die Gruft erschließt, in die mein Licht sich neiget,
Und schwarze Nacht aus ihrer Tiefe steiget;
Da fühl ich alte Tränen wieder fließen.

Ja öfters in der nämlichen Sekunde
Erblüht die Süße mir und sinket nieder.
So kehret stets der alte Kreislauf wieder
In enger hier und dort in weiter Runde.
Und keine Hoffnung, daß es anders werde!
Denn jene, die allein mir neues Leben
Durch magische Berührung könnte geben,
Sie darf nicht wiederkehren zu der Erde.

Der alte Dichter

1

Ich konnte einstmals fliegen,
Wohl auf dem weiten Meer,
Es wollte mich betrügen,
Ich tu' es nun nicht mehr.

2

Die Ruder sind gebrochen,
Die Masten sind zerknickt,
Müd' ziehen Tage Wochen,
Mein Blut ist eingedickt.

3

Die Schiffe kommen, gehen,
Mir ist es einerlei,
Doch mag ich gern sie sehen,
Das meine fällt entzwei.

4

Es spotten mein die Wellen,
Es spottet mein der Wind,
Ich muß mich ruhig stellen,
Doch wein' ich wie ein Kind.

Die Zeit

Manches achtet die Zeit und manches hat sie verachtet,
Höre die Glocke sie schlägt, eben schlägt sie schon aus
Was nun alle behorcht, das ist den meisten vergessen,
Nur die Schildwache weiß, daß sie noch müde vom
Stehn
Schläge die zeigen Zeit und treiben den Ball und die
Kinder
Mensch so schlag in die Welt, wenn dich keiner erhört.
Ziehst du auf rauschender Flut mit Fischern im lustigen
Stechen,
Siehe nicht immer bloß zu, stoße endlich auch mit
Alles stößt sich herab, nur einer bleibet von allen,
Ist es der Stärkeste? Nein! Ist es der Schwächeste? Nein!

Jenen da stürzen die viele gegen ihn neidisch verbunden
Dieser schätzet sich nicht, einzeln zu stehen im Kampf,
Sind die Kohlen zu klein sie fallen herab mit der Asche
Sind die Kohlen zu groß, ist das Feuer zu schwach.
Mittelmäßigkeit bleibt, es ist der sicherste Acker,
Ziehen will ich im Strom, bleibe nicht gerne allein.

JOSEPH VON EICHENDORFF

Das Alter

Hoch mit den Wolken geht der Vögel Reise,
Die Erde schläfert, kaum noch Astern prangen.
Verstummt die Lieder, die so fröhlich klangen,
Und trüber Winter deckt die weiten Kreise.

Die Wanduhr pickt, im Zimmer singet leise
Waldvöglein noch, so du im Herbst gefangen.
Ein Bilderbuch scheint alles, was vergangen,
Du blätterst drin, geschützt vor Sturm und Eise.

So mild ist oft das Alter mir erschienen:
Wart nur, bald taut es von den Dächern nieder
Und über Nacht hat sich die Luft gewendet.

Ans Fenster klopft ein Bot' mit frohen Mienen,
Du trittst erstaunt heraus – und kehrst nicht wieder,
Denn endlich kommt der Lenz, der nimmer endet.

Friedrich Theodor Vischer

Spätlinge

Ein Admiral! So spät noch ausgeschlüpft!
Er sonnt sich; wählig wiegt er seine Flügel,
Auf schwarzem Samtgrund weiß und rot gezeichnet,
Im warmen Licht. Du arme Kreatur!
Nicht ahntest du die kalten Regentage,
Den trüben Schluß des trübsten aller Sommer,
Als dich ein tückisch-schmeichlerischer Blick
Des Dämon Föhn aus deiner Puppe lockte!
Wenn's gut geht, wirst du noch aus ein paar Blümchen
Geringe Labung dünnen Honigs saugen!
Dort hängt sie schon, die schwere graue Wolke,
Und morgen oder diesen Abend noch
Liegt aufgelöst dein zarter Leib im Grase.

Ja, ja, so geht es manchem Erdenkind:
In fremde Zeit wird es hineingeboren,
Es kommt zu spät wie dieser arme Falter;
Wohin? Wohin? Ringsum ist Greisenalter,
Du willst dich regen und du bist verloren.

Hermann Kurz

Das geritzte Kind

Weinend ins Zimmer kam die zierliche Kleine
                                gesprungen:
  Mutter, ins Fingerlein hat mich gestochen ein Dorn!
Zieh ihn heraus! o weh, er ist stecken blieben! –
                                Die Mutter
  Mit wundärztlicher Kunst springt der Beschädigten bei.
Aber das Kind reibt scheltend das blutige Pünktchen;
                                noch immer
  Meint es zu sehen den Schmerzbringer, den häßlichen
                                Dorn.
Warte, wenn Amors Pfeil einst bittersüß dich verwundet,
  Stille, wie stille dann wirst du, mein Engelchen, sein,
Wirst zur Mutter nicht springen, nicht lecken wider den
                                Stachel,
  Der doch tiefer als hier, tief in dem Herzen dir sitzt.

Der Schmerz der letzten Stunde
(Worte eines Greisen)

Es grünt der Wald, es blühn die Matten,
So wie's von Anbeginn geschehn:
Laß uns hinaus in frische Schatten,
Mein abgestorbnes Leben, gehn!

So lag ich in der Jugend Träumen,
Nicht sinnend um des Lebens Ziel,
Vergnüglich unter Zauberbäumen
Und trieb mit bunten Bildern Spiel.

Nun fließen wieder meine Tränen
Um das verlorne Liebesglück,
Doch meinen Seufzern, meinem Sehnen
Kehrt nimmer jene Zeit zurück.

Wohl seh' ich noch die dunkeln Haare
Vorüberwehn im leichten Flug,
Doch in der schweren Last der Jahre
Verschmäh' ich auch den schönsten Trug.

Die ihr, o riesengroße Eichen,
So manch Jahrhundert schon ergrünt,
Ihr schautet stets dieselben Leichen
und nie den alten Schmerz gesühnt.

Nach euch will man die Jugend nennen,
Die mich so magisch einst berauscht;
O laßt es nie mehr mich erkennen,
Wie Treu' um Treue wird getauscht!

Wozu, daß Herzen solches Hauches
Mit hohler Liebe sich erfreun
Und, zu genießen ihres Rauches,
Die Körner auf die Kohle streun?

Wozu, daß Staaten stehn und fallen?
Daß Sonnen auf- und niedergehn? –
Gleich gut in weite Schlummerhallen
Könnt' ich gebannt die Menschheit sehn. –

In mir auch hat es heiß gegoren,
Des Wesens Grund hab' ich gesucht:
Auf Formeln hab' ich oft geschworen,
Und öfter hab' ich sie verflucht.

Vom Guten rätselt' ich, vom Übeln,
Der Antwort ward mir nicht Gewähr;
Die brauch' ich nicht mehr zu ergrübeln,
Denn keine Frage stell' ich mehr.

Laß ab, ins Innerste zu streben,
Die Fragen gehn auf irrer Spur:
Ein Windeswehn, ein Nebelweben,
Das ist die Menschheit, die Natur! –

Was frommt es, kunstreich nachzuschildern,
Was nicht vom Lebensmarke quoll?
Die Kunst wankt in den trüben Bildern
Und weiß nicht, *was* sie spiegeln soll. –

Den Tod in wolk'ger Fern' erspähe,
Die augenlose Grau'ngestalt,
Unwissend, was, warum er mähe, –
Wie seine Leichen, starr und kalt.

Frag ihn, wann deine Pulse stocken:
Was ist die Nacht? Der Strahl des Lichts?
Was deutet wohl der Schall der Glocken?
Und was ist etwas? was ist nichts?

Die Schatten, die er sich erbeutet,
Führt er zur Ruhe sie? Die Hand,
Die fleischlos, starr nach drüben deutet,
Ist für zwei Welten sie ein Band? –

Das Nebelbild, in leichtem Schaume,
Zum Abgrund Ewigkeit zerrinnt:
Was bleibt zurück von deinem Traume,
Da sich zum Ziel dein Leben spinnt?

Ein grauer Dunst, der Gottheit Mantel,
Und unter ihm ein tiefes Grab.
Dies heilt die Bisse der Tarantel!
Hier streif dein welkes Leben ab!

Nikolaus Lenau

Der trübe Wandrer

Am Strand des Lebens irr' ich, starre düster
Ins Todesmeer, umhüllt von Nebelflor;
Und immer wird der Strand des Lebens wüster,
Und höher schlägt die Flut an ihm empor.
O strömt, ihr Tränen, strömt! – Im Weiterirren
Seh ich die längstverlornen Minnestunden,
Ein neckend Schattenvolk, vorüberschwirren,
Und neuer Schmerz durchglüht die alten Wunden.
Die Asche meiner Hoffnungen, die Kränze
Geliebter Toten flattern mir vorüber,
Gerissen in des Sturmes wilde Tänze,
Und immer wirds in meiner Seele trüber. –
Das Christuskreuz, vor dem in schönen Tagen
Ein Kind ich, selig betend, oft gekniet,
Es hängt hinab vom Strande nun, zerschlagen,
Darüber hin die Todeswelle zieht. –
Seltsame Stimmen mein ich nun zu hören:
Bald kommts, ein wirres Plaudern, meinem Lauschen
Meerüber her, bald tönts in leisen Chören,
Dann wieder schweigts, und nur die Wellen rauschen. –
Ein ernster Freund, mein einziges Geleite,
Weist stumm hinunter in die dunkle Flut;
Stets enger drängt er sich an meine Seite:
Umarme mich, du stiller Todesmut!

NOVALIS

Der Abend

Glühend verbirgt sich nun die müde Sonne
Nach der mächtigen Laufbahn in die Meere
Suchet Ruhe, Dämmerung senkt sich nieder
   Auf die Gefilde

Dämmerung mit dem feinsten grauen Fittich
Keine Röte des Abends weit am Himmel
Welcher unbewölket in dunkles Azur
   Prächtig sich kleidet.

Und die Gestirne blinken nieder fernher
Lächelnd sieht mich der Abendstern so funkelnd
Lächelt aus den seligen Wonnegefilden
   Ruhe ins Herz mir

Lispelnder wehn die Zephyrs in den Büschen,
Die die Nachtigall klagend noch belebet
Und aus jenem Weizengefilde hör ich
   Schlagen die Wachtel.

Ländliche Glocken rufen helles Tones
Aus dem Felde die müden Schnitter wieder
Alles suchet Ruhe und heitrer sah ich
   Nie noch den Abend.

Wär' doch auch einst der Abend meines Lebens
Das so lachend mir anfing zwischen Rosen
Heiter, froh und ruhiger noch als dieser
    Abend der Landschaft

Möchte zu ewgen Frieden, meine Seele
Auch so lieblich hinüberschlummern, wie jetzt
In der Hütte müde der Landmann zu dem
    Morgenden Tage.

KAROLINE VON GÜNDERRODE

Liebst du das Dunkel
Tauigter Nächte
Graut dir der Morgen
Starrst du ins Spatrot
Seufzest beim Mahle
Stössest den Becher
Weg von den Lippen
Liebst du nicht Jagdlust
Reizet dich Ruhm nicht
Schlachtengetümmel
Welken dir Blumen
Schneller am Busen
Als sie sonst welkten
Drängt sich das Blut dir
Pochend zum Herzen.

JUSTINUS KERNER

An Sie im Alter

[1]

Bin ich auch noch so alt geworden,
Starb doch die junge Liebe nicht,
Und gern, wie in der frühsten Jugend,
Seh' ich dir noch ins Angesicht.

Ja lieber noch: denn was uns freute
Und was uns schmerzte, liegt nun hier,
Es singt nicht mehr bloß Frühlingszüge,
Mein *ganzes* Leben blickt aus dir.

Und wie nach noch so vielen Wettern
Ein Stern in gleichem Lichte scheint,
So blieb dein Aug' das alte, klare,
Hast du's auch oftmals trüb geweint.

[4]

Verlör' ich ganz der Augen Licht,
Würd' dennoch mich nicht Nacht umgeben,
Solange du, mein lichtes Leben,
Du, meine Sonne! scheidest nicht.

Dein Herz treibt meines Herzens Schlag,
Weil es das meine ganz umfangen,
Und meine Augen blind empfangen
Von deinen Augen ihren Tag.

Nicht Nacht, ein lichtes Morgenrot
Wird, weil du lebest, vor mir stehen;
Werd' einst statt dessen Nacht ich sehen,
Werd' ich erkennen, daß du tot.

[5]

Würdest sterben du vor mir,
Würd' dein Tod den Tod mir geben,
Denn wie könnt' ich, ach! noch hier
Mit zerteiltem Herzen leben?

Wäre wie der alte Baum,
Den der wilde Sturm gespalten
Bis zur Wurzel, daß er kaum
Kann sich überm Abgrund halten.

Sinken muß er in die Kluft,
Der zerriß'ne, blätterlose. –
Sänke bald in deine Gruft,
Daß uns deckten gleiche Moose.

[8]

Werd' ich einst gestorben sein,
Werden dies und das sie sagen,
Dir doch ist bekannt allein,
Wofür hier mein Herz geschlagen.

Laß sie schwatzen immerhin
Über dem verscharrten Herzen,
Stumm, wie ich im Grabe bin,
Sei du stumm in deinen Schmerzen.

Meinen Schatten sollen nicht
Stören deines Auges Tränen,
Wenn er aus dem Sarge bricht,
Zu dir schwebt in seinem Sehnen.

Denn so lang' du lebest hier,
Kann ich nicht die Erde lassen,
Ohne dich, ich sag's nur dir,
Würd' ich selbst den Himmel hassen.

Bis gebrochen auch dein Herz,
Löst sich nicht mein Bann hienieden,
Dann erst schweb' ich himmelwärts
Mit dir in der Sterne Frieden.

Der letzte Blütenstrauß

Wenn ein Baum, ein morscher, alter,
Plötzlich wieder blüht aufs neu',
Ist's ein Zeichen, daß nun bald er
Tot und reif zum Fällen sei.

So auch hat sich ein Erblühen
In mir Alten angefacht,
Ach, nur eines Herbsts Erglühen
Vor des Winters langer Nacht!

Was aufs neu' ich hier gesungen,
Fühl ich, hat kein Lenz erzeugt;
Meine Saiten sind gesprungen,
Und mein Tag hat sich geneigt.

Augentrost

O laß es gern geschehen,
Daß dir dein Auge blind!
Was willst du denn noch sehen,
Altes, betrognes Kind?

Willst du den Lenz erzwingen
Durch buntgefärbtes Glas?
Soll dir noch Blumen bringen
Das längst verwelkte Gras?

Die lichten Regenbogen,
Die Schlösser in der Luft,
Alter! sind fortgezogen,
Du siehst nur eis'gen Duft.

Lenz, Sommer sind geschieden,
Nur Winter siehest du.
Alter! o schließ in Frieden
Die müden Augen zu.

GOTTFRIED KELLER

Abendlied

Augen, meine lieben Fensterlein,
Gebt mir schon so lange holden Schein,
Lasset freundlich Bild um Bild herein:
Einmal werdet ihr verdunkelt sein!

Fallen einst die müden Lider zu,
Löscht ihr aus, dann hat die Seele Ruh;
Tastend streift sie ab die Wanderschuh,
Legt sich auch in ihre finstre Truh.

Noch zwei Fünklein sieht sie glimmend stehn,
Wie zwei Sternlein innerlich zu sehn,
Bis sie schwanken und dann auch vergehn,
Wie von eines Falters Flügelwehn.

Doch noch wandl' ich auf dem Abendfeld,
Nur dem sinkenden Gestirn gesellt;
Trinkt, o Augen, was die Wimper hält,
Von dem goldnen Überfluß der Welt!

FRANZ VON DINGELSTEDT

Ein dunkles Blatt

Und wieder hast du einen Tag verloren,
Den einmal nur die karge Zeit dir lieh,
Ein Tor bist du gegangen mit den Toren,
So faul, so hohl, so abgeschmackt wie sie.
Geschwatzt, gelacht, gegessen und getrunken:
Verdammtes Einerlei, von Reu' vergällt!
Was bin ich Bess'res als der matte Funken,
Der ziellos just von jenem Sterne fällt?

Rasch noch ein Lied! Und sei es gleich der Stimme
Des Nachtwinds um ein ausgestorb'nes Haus!
Wie mir's gegeben wird in meinem Grimme,
So stoß' ich's grimmig in die Welt hinaus:
Geh' du wie ich und bettle vor den Türen
Um Liebe, bis dir wer ein Obdach beut;
Wer was gewinnen will, der muß sich rühren,
Hinaus, verhaßte Spätgeburt von heut'!

Verwöhntes Kind, schon kommst du flehend wieder
Und schmiegst dich zitternd an die Kniee mir?
Ich glaub' es, armes Ding! Die alten Lieder,
O denen ward ein schön'res Los als dir!

Ich wußte gleich, wohin ich alle schickte,
Wo das geringste hoch willkommen war;
Wie bebte sie, wenn sie das Blatt erblickte,
Wie durch die Zeilen flog ihr Augenpaar!

Das ist vorbei. Dort darfst du nimmer pochen,
Sie weist dich fort, die jenen Heimat gab;
Das schwarze Siegel wird nicht aufgebrochen,
Sie kennt die Hand und kehrt sich weinend ab.
Und wollt' ich dich durchräuchern und zerstechen,
Als kämst du aus verpestetem Revier,
Sie würde doch mit Abscheu zu dir sprechen:
Verfluchter, hebe dich hinweg von mir!

Nein, rings so weit die Nacht die Flügel breitet,
Ist keine Heimat, keine, die dir winkt;
Du bist ein Blatt, das auf dem Strome gleitet,
Ein Reis, das schwach im Sturme niedersinkt.
Auf deiner Stirne glüht des Fluches Stempel,
Und Furien gruben ihre Nägel drauf,
Du taugst nur mir; wer hing in seinem Tempel
Gern eine fremde Dornenkrone auf?

So bleibe denn, ein Zeug' in meinem Jammer,
Ein Hiobssohn sei deinem Vater treu,
Geleite ihn zu seiner öden Kammer,
Ruh' aus mit ihm, erwach' am Morgen neu!
Verloren, wie der Tag, der dich geboren,
Wer weiß, was über Nacht dein Schicksal ist,
Und ob du nicht, zum Schlafgesell erkoren,
Mein letztes Kind, mein Leichenwächter bist?

ADELBERT VON CHAMISSO

Die letzten Sonette

I

»Du sangest sonst von Frauen-Lieb und Leben,
   Mein trauter Freund, mir schöne Lieder vor;
   An deinen lieben Lippen hing mein Ohr,
   Ich fühlte mich in Lieb und Lust erbeben.

Du singst nicht mehr; – um deine Lyra weben
   Die Spinnen, dünkt mich, einen Trauerflor;
   Sprich, wirst du nie die Lust, die ich verlor,
   Du süßer Liedermund, mir wiedergeben?«

Ich trage selbst – still, still! mein gutes Kind –
   Geduldig und entbehre sonder Klage;
   Bin müde jetzt, verklungen ist mein Singen.

Ein Sänger war ich, wie die Vögel sind,
   Die kleinen, die nur zwitschern ihre Tage. –
   Der Schwan nur … – Reden wir von andern Dingen.

Ich fühle mehr und mehr die Kräfte schwinden;
  Das ist der Tod, der mir am Herzen nagt,
  Ich weiß es schon und, was ihr immer sagt,
  Ihr werdet mir die Augen nicht verbinden.

Ich werde müd und müder so mich winden,
  Bis endlich der verhängte Morgen tagt,
  Dann sinkt der Abend und, wer nach mir fragt,
  Der wird nur einen stillen Mann noch finden.

Daß so vom Tod ich sprechen mag und Sterben,
  Und doch sich meine Wangen nicht entfärben,
  Es dünkt euch mutig, übermutig fast.

Der Tod! – der Tod? – Das Wort erschreckt mich nicht,
  Doch hab ich im Gemüt ihn nicht erfaßt,
  Und noch ihm nicht geschaut ins Angesicht.

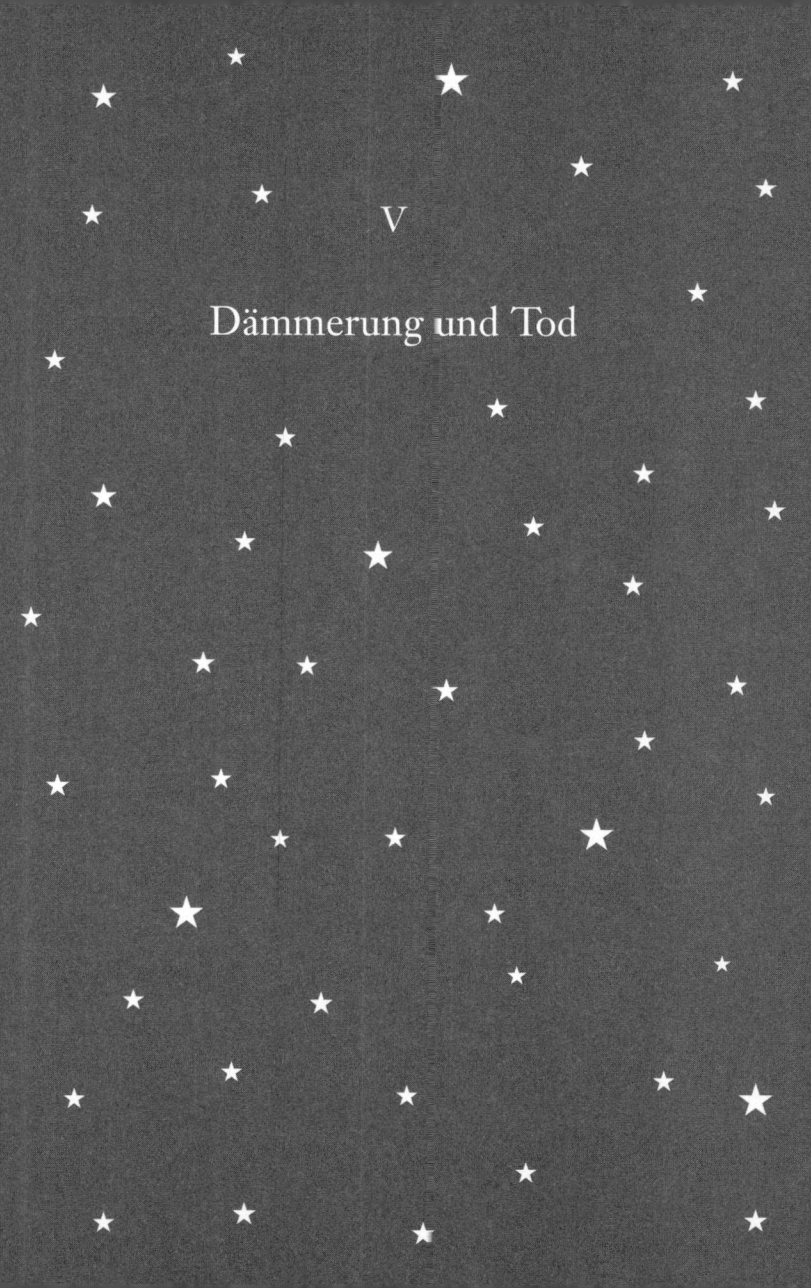

V

Dämmerung und Tod

NOVALIS

Elegie beim Grabe eines Jünglings

Heimgegangen bist du, Jüngling, rinne
Sehnsuchtsträne auf den Aschenkrug;
Halbbetäubt noch steh ich hier und sinne,
Ob es wahr sei oder Traumbetrug.
Kaum vor einem Sonnenschritte
Standst du, froh, mit blühendem Gesicht
Hier in deiner Lieben Mitte,
Und nun kam ich, ach! und fand dich nicht.

Fand statt biedern Händedrucks und Kusses
Einen Totenkranz und Aschenkrug,
Sah die Blüte jeglichen Genusses
Hingewelkt, gehemmt des Adlers Flug
Durch der Vorzeit lichte Haine –
Um mich sproßte düstrer Bilder Kranz;
Bei des Grabelämpchens Scheine
Sah ich nur der Todesengel Tanz.

Ludwig Uhland

Die Kapelle

Droben stehet die Kapelle,
Schauet still ins Tal hinab,
Drunten singt bei Wies und Quelle
Froh und hell der Hirtenknab.

Traurig tönt das Glöcklein nieder,
Schauerlich der Leichenchor;
Stille sind die frohen Lieder,
Und der Knabe lauscht empor.

Droben bringt man sie zu Grabe,
Die sich freuten in dem Tal.
Hirtenknabe, Hirtenknabe!
Dir auch singt man dort einmal.

GOTTFRIED KELLER

An einer Kindesleiche

Er hat geweht, der Wind, den niemand sieht
Und niemand hört; er hat den Baum geschwungen,
Des Wurzelwerk die Erde überzieht,
In dessen Krone ich dies Lied gesungen.
Das jüngste Blatt, das gestern dran geblüht,
Hat über Nacht sich leise losgerungen
Und fiel; und niemand gab wohl weiter acht
Als ich, der da zunächst dabei gewacht.

So bist erlöscht du, lieblich junges Licht,
Das mir erquickend in das Herz gezündet?
Noch sprach drei Worte deine Zunge nicht,
Doch hat dein Lallen mir so viel verkündet!
Das Sehnen, das die feinsten Bande flicht,
Es hat mich innig auch mit dir verbündet.
Ja, vor viel Großem unter dieser Sonnen
Hab' ich dich, Kleiner, wert und lieb gewonnen!

Ob ich gen Himmel sah ins blaue Meer,
Ob in dein Aug', es war das gleiche Schauen:
Es leuchtete aus diesen Sternen her
Ursprünglich reines Licht von schönern Auen.

Wie oft senkt' ich den Blick, von Mühsal schwer,
Erfrischend tief in dies verklärte Blauen!
Wie war das Lachen deines Munds so fein!
Wie heimlich unsre Freundschaft, still und rein!

Nie hab' an deine Zukunft ich gedacht,
Die Gegenwart war ja so schön und heiter!
Du hast wie eine Blume mir gelacht,
Und an die Sommerfrucht dacht' ich nicht weiter;
Ob einst vielleicht ein Held in dir erwacht,
Wie hoch du steigest auf der großen Leiter:
Du lieblich Kind warst in dir selbst vollkommen –
Was sollte dir und mir die Sorge frommen?

Zu der du wiederkehrst, grüß mir die Quelle,
Des Lebens Born, doch besser: grüß das Meer,
Das *eine* Meer des Lebens, dessen Welle
Hoch flutet um die dunkle Klippe her,
Darauf er sitzt, der traurige Geselle,
Der Tod – verlassen, einsam, tränenschwer,
Wenn ihm die frohen Seelen, kaum gefangen,
Mit lautem Jubel wieder auf die See gegangen!

CONRAD FERDINAND MEYER

Das tote Kind

Es hat den Garten sich zum Freund gemacht,
Dann welkten es und er im Herbste sacht,
Die Sonne ging und es und er entschlief,
Gehüllt in *eine* Decke weiß und tief.

Jetzt ist der Garten unversehns erwacht,
Die Kleine schlummert fest in ihrer Nacht.
»Wo steckst du?« summt es dort und summt es hier.
Der ganze Garten frägt nach ihr, nach ihr.

Die blaue Winde klettert schlank empor
Und blickt ins Haus: »Komm hinterm Schrank hervor!
Wo birgst du dich? Du tust dir's selbst zuleid!
Was hast du für ein neues Sommerkleid?«

CLEMENS BRENTANO

Schwanenlied

Wenn die Augen brechen,
Wenn die Lippen nicht mehr sprechen,
Wenn das pochende Herz sich stillet
Und der warme Blutstrom nicht mehr quillet:
O dann sinkt der Traum zum Spiegel nieder,
Und ich hör' der Engel Lieder wieder,
Die das Leben mir vorüber trugen,
Die so selig mit den Flügeln schlugen
Ans Geläut der keuschen Maiesglocken,
Daß sie all die Vöglein in den Tempel locken,
Die so süße wildentbrannte Psalmen sangen:
Daß die Liebe und die Lust so brünstig rangen,
Bis das Leben war gefangen und empfangen;
Bis die Blumen blühten;
Bis die Früchte glühten,
Und gereift zum Schoß der Erde fielen,
Rund und bunt zum Spielen;
Bis die goldnen Blätter an der Erde rauschten,
Und die Wintersterne sinnend lauschten,
Wo der stürmende Sämann hin sie säet,
Daß ein neuer Frühling schön erstehet.
Stille wird's, es glänzt der Schnee am Hügel
Und ich kühl' im Silberreif den schwülen Flügel,

Möcht' ihn hin nach neuem Frühling zücken,
Da erstarret mich ein kalt Entzücken –
Es erfriert mein Herz, ein See voll Wonne
Auf ihm gleitet still der Mond und sanft die Sonne
Unter den sinnenden, denkenden, klugen Sternen
Schau' ich mein Sternbild an in Himmelsfernen;
Alle Leiden sind Freuden, alle Schmerzen scherzen
Und das ganze Leben singt aus meinem Herzen:
Süßer Tod, süßer Tod
Zwischen dem Morgen- und Abendrot.

In Lieb'? – In Lust? – im Tod? Verschmachtet? trunken?
Ob Odem von der süßen Lippe fließt?
Was ist's, das der gefallne Becher gießt?
Hat Gift, hat Wein, hat Tränen sie getrunken?

Kein Öl, die Lampe, oder keinen Funken?
Ob ihr ein Gott? ein Krampf? den Mund verschließt?
Ob rings nur Dorn? ob keine Rose sprießt,
Ist an ein Herz das andre hier gesunken,

Sag? diese Arme wollen Flügel werden –
Nein Falten sind es – Leichentuches Falten
Das liebe Haupt strahlt Gloria – zerraufte Haare!

Sink nieder, Nacht! nein! Blitz strahl' zu der Erde
Deck' zu, erleucht' des Zweifels Peingestalten
Verhüll', enthüll' das Rosenbett, die Bahre.

Der Tod

Wenn aus des Mondes ernstem Lichte
Herab auf unbetret'ner Bahn
Zum unaussprechlichen Gesichte
Der Vorwelt stolze Helden nahn;
Wenn sie im Sturm und Wetterscheine
Dem Jünglinge vorübergehn,
Am alt verlass'nen Götterhaine
Wie Tannenschatten vor ihm stehn;

Wenn unter deinen Propyläen,
Athen, die trunkne Seele schweigt,
Den bunten Opferzug zu sehen,
Der morgendlich zum Tempel steigt,
Und wenn's im reinen Wellenklange
Aus des Cephissus' Wassern dringt,
Im Myrten- und im Lorbeergange,
Wie Platon aus der Tiefe klingt;

Wenn unter'm lauen milden Himmel,
Vom Berg die frische Rebe lacht,
Aus zart geranktem Laubgewimmel
Die Traube springt in ihrer Pracht,

Wenn um der Berge Nachbarreihe,
In duftig Morgenblau getaucht,
Das reine Gold der ersten Weihe
Die holde Morgenröte haucht;

Wenn Freunde sich am Halse liegen
Voll Jugend, Seele, Kraft und Mut,
Und sich im Lebenskampfe wiegen,
Wie Föhren in der Sturme Wut;
Wenn im erhab'nen Flammentriebe,
Zu Taten und Unsterblichkeit,
Zur unerschütterlichen Liebe
Ein Halbgott sich dem andern weiht;

O wenn das grenzenlose Leben,
Sich siegend aus dem Kampfe stritt,
So wie ein heller Stern, der eben
Hervor im Jugendstrahle tritt,
Wer sollte da zum Gott nicht flehen,
Ende, vollende diese Lust!
Laß unter Jauchzen mich vergehen,
Unsterblicher, an deiner Brust!

Wilhelm Müller

Das Irrlicht

In die tiefsten Felsengründe
Lockte mich ein Irrlicht hin;
Wie ich einen Ausgang finde,
Liegt nicht schwer mir in dem Sinn.

Bin gewohnt das Irregehen,
's führt ja jeder Weg zum Ziel;
Unsre Freuden, unsre Wehen,
Alles eines Irrlichts Spiel!

Durch des Bergstroms trockne Rinnen
Wind' ich ruhig mich hinab –
Jeder Strom wird's Meer gewinnen,
Jedes Leiden auch ein Grab.

Nikolaus Lenau

Abendbilder

1

Friedlicher Abend senkt sich aufs Gefilde;
Sanft entschlummert Natur, um ihre Züge
Schwebt der Dämm'rung zarte Verhüllung, und sie
    Lächelt, die holde;

Lächelt, ein schlummernd Kind in Vaters Armen,
Der voll Liebe zu ihr sich neigt; sein göttlich
Auge weilt auf ihr, und es weht sein Odem
    Über ihr Antlitz.

2

Stille wirds im Walde; die lieben kleinen
Sänger prüfen schaukelnd den Ast, der durch die
Nacht dem neuen Fluge sie trägt, den neuen
    Liedern entgegen.

Bald versinkt die Sonne; des Waldes Riesen
Heben höher sich in die Lüfte, um noch
Mit des Abends flüchtigen Rosen sich ihr
    Haupt zu bekränzen.

Schon verstummt die Matte; den satten Rindern
Selten nur enthallt das Geglock am Halse,
Und es pflückt der wählende Zahn nur lässig
    Dunklere Gräser.

Und dort blickt der schuldlose Hirt der Sonne
Sinnend nach; dem Sinnenden jetzt entfallen
Flöt und Stab, es falten die Hände sich zum
    Stillen Gebete.

Der Salzburger Kirchhof

O schöner Ort, den Toten auserkoren
Zur Ruhestätte für die müden Glieder!
Hier singt der Frühling Auferstehungslieder,
Vom treuen Sonnenblick zurückbeschworen.

Wenn alle Schmerzen auch ein Herz durchbohren,
Dem man sein Liebstes senkt zur Grube nieder,
Doch glaubt es leichter hier: wir sehn uns wieder,
Es sind die Toten uns nicht ganz verloren.

Der fremde Wandrer, kommend aus der Ferne,
Denn hier kein Glück vermodert, weilt doch gerne
Hier, wo die Schönheit Hüterin der Toten.

Sie schlafen tief und sanft in ihren Armen,
Worin zu neuem Leben sie erwarmen;
Die Blumen winkens, ihre stillen Boten.

Justinus Kerner

Das Verbrennen alter Zeit

Wenn der Mensch, ein faulend Aas,
Lieget unter Erd und Gras,
In und auf ihm Würmer, Käfer,
Sagen sie: Der müde Schläfer
Ruht nun süß im Erdenschoß!
Ich doch sage: herbes Los!

Und die Leiche, die ins Meer
Man gesenket, treibt umher
Unter Haien, Wasserschlangen,
Deren Magen sie empfangen.
Oben spricht ein dummer Mund:
Der ruht süß im stillen Grund!

Abscheu auch der Fürstengruft,
Wo ein Leib voll Moderduft
Liegt gekrönt im Sarkophage,
Daß er noch am Jüngsten Tage
Engeln Gottes Zeuge sei
Menschlicher Alfanserei.

Glaubt, am schönsten wär' noch heut
Das Verbrennen alter Zeit,

Feuer läßt zurücke keine
Totenköpf' und Totenbeine,
Was als Asche kam zur Welt,
Flugs in Asche niederfällt.

Und zum Trotz dem kalten Tod
Glüht ein heißes Morgenrot,
Solches trägt in Himmels Lüfte
Über Moder, über Grüfte
Eines Menschen letzten Rest –
Das ist Tod nicht – ist ein Fest.

Auf den Tod eines Kindes

Wie wohl ist dir gebettet,
Mein Kind, im Erdenschoß!
Hast aus der Welt gerettet
Dich, eh' du wurdest groß.

Wenn in des Lenzes Tagen
Die Blüte fällt vom Baum,
Kann man mit Fug wohl sagen:
Sie war ein lichter Traum.

Doch wenn vom Wurm gestochen
Als Frucht sie hängt am Baum
Und faul wird abgebrochen,
War sie ein böser Traum.

So viele Früchte prangen,
Die leis ein Wurm zerfrißt.
Wer weiß, ob du entgangen
Nicht solchem Lose bist.

Ein Engel schwebt vorüber,
Haucht an die Blüten nur,
Da wehen sie hinüber
Auf eine beßre Flur.

Ich blick dir nach mit Sehnen,
Du Blüte! fortgeweht,
Doch fließen keine Tränen,
Weil es dir wohlergeht.

An den Hund des Toten

Der Tod den edlen Herrn dir nahm,
Vergebens suchst du seine Wege.
Du blickst mich an, ja, komm und lege
Auf meinen Schoß dein Haupt voll Gram.
Aus deinen Augen, treues Tier!
Schaut eine stumme, tiefe Klage,
Und geht an mich die ernste Frage:
»Wo find ich ihn? Mensch! sag es mir!«
Wend ab dein fragend Auge nur!
Was könnt' ein armer Mensch dir sagen?
Antwortet ja auf solche Fragen
Selbst *ihm* mit Schweigen die Natur.

HEINRICH LEUTHOLD

Der Tod

Während Böse den Tod fürchten und Frohe scheu'n,
Rufen Arme ihn an, Tapfere trotzen ihm;
    Doch Geprüfte und Weise
    Seh'n ihn nahen wie einen Freund.

Denn den Frieden der Brust, welchen die Welt entweiht
Und die Sorge geraubt, bringt uns der Tod zurück,
    Und der kettenbeschwerten
    Seele löst er den Sklavenring.

Um Mitternacht

Gelassen stieg die Nacht ans Land,
Lehnt träumend an der Berge Wand,
Ihr Auge sieht die goldne Waage nun
Der Zeit in gleichen Schalen stille ruhn;
   Und kecker rauschen die Quellen hervor,
   Sie singen der Mutter, der Nacht, ins Ohr
     Vom Tage,
   Vom heute gewesenen Tage.

Das uralt alte Schlummerlied,
Sie achtet's nicht, sie ist es müd;
Ihr klingt des Himmels Bläue süßer noch,
Der flüchtgen Stunden gleichgeschwungnes Joch.
   Doch immer behalten die Quellen das Wort,
   Es singen die Wasser im Schlafe noch fort
     Vom Tage,
   Vom heute gewesenen Tage.

FRIEDRICH RÜCKERT

Mitternacht

Um Mitternacht
Hab' ich gewacht
Und aufgeblickt zum Himmel;
Kein Stern vom Sterngewimmel
Hat mir gelacht
Um Mitternacht.

Um Mitternacht
Hab' ich gedacht
Hinaus in dunkle Schranken;
Es hat kein Lichtgedanken
Mir Trost gebracht
Um Mitternacht.

Um Mitternacht
Nahm ich in acht
Die Schläge meines Herzens;
Ein einz'ger Puls des Schmerzens
War angefacht
Um Mitternacht

Um Mitternacht
Kämpft' ich die Schlacht,
O Menschheit, deiner Leiden;

Nicht konnt' ich sie entscheiden
Mit meiner Macht
Um Mitternacht

Um Mitternacht
Hab' ich die Macht
In deine Hand gegeben;
Herr über Tod und Leben,
Du hältst die Wacht
Um Mitternacht.

Es brannt' in meiner Kammer
Ein Lämplein sonst bei Nacht,
Das ging nun aus, o Jammer,
Das hat der Tod gemacht.

Es brannte für die Kleinen
Das Lämplein in der Nacht,
Daß sie nicht sollten weinen,
Wenn sie mir aufgewacht.

Sie schliefen ohne Weinen,
Und sind nie aufgewacht,
Doch gerne ließ ich scheinen
Das Lämplein in der Nacht.

Ich sah bei seinem Scheinen
Gern, wenn ich aufgewacht,
Wie ruhig meine Kleinen
Fortschliefen in der Nacht.

Nun hat man meine Kleinen
Gebettet außerm Haus,
Ich lösche nun mit Weinen
Das nächt'ge Lämpchen aus.

Wozu noch soll' es scheinen?
Die Bettchen stehen leer,
Ich seh' darin die Kleinen
Im Schlaf nicht lächeln mehr.

Franz von Dingelstedt

Dämmer-Stunde

O Dämm'rung, du verhüllte und verklärte,
Du meiner Träume freundlicher Gefährte,
Was nahst du wiederum auf leisen Füßen,
Um mutter-mild mein einsam Herz zu grüßen?

Vorüber zieh', geliebte Zwielichtstunde,
Zu glücklicheren Menschen in der Runde;
Wo sich zwei Liebende im Arme halten,
Um die laß wehen deines Schleiers Falten!

Mir frommt er nicht. Du kannst nicht Tote wecken,
Nicht ebnen der Verbannung öde Strecken,
Du mahnst mich nur an das, was ich besessen,
Und grausam lehrst du denken statt vergessen.

Wohl liebt' ich dich, als mit verschwieg'nen Mienen
Du in's Gemach der Teuersten geschienen,
Als du ihr Bild und meines im Vereine
Umwebt mit einem feierlichen Scheine.

Und jedesmal, wann deine Sternenhelle
Mich aufgesucht in trauter Dichterzelle,
Hab' ich wie einen Segen, hochwillkommen,
In meiner Brust dich freundlich aufgenommen.

Jetzt aber fühl' ich nach der Nacht, der langen,
Der schlummervollen Nacht ein sehnlich Bangen;
In ihre Schatten drängt es mich zu stürzen,
Um ein verhaßtes Leben halb zu kürzen.

Denn Nachts entweichen sie, die Alltagsmühen,
Die stündlich, gleich begeifernden Harpyen,
Auf meine Seele gierig niedersinken,
Um sich des besten Blutes voll zu trinken.

Dann stockt das Rad, ich zähle an den Schlägen
Des Herzens nicht die Stunden mehr, die trägen;
Ich weiß nicht, daß ich bin, indes am Tage
Ich mich bewußtlos mit Bewußtem plage.

So komm, o Nacht, zieh' ein des Mondes Hörner,
Hoch über mich gieß' deine Schlummerkörner,
Sei ganze Nacht und zeig in deiner Wildnis
Mir nur ein einziges, des Todes, Bildnis.

Ausklang

ANNETTE VON DROSTE-HÜLSHOFF

Lebt wohl
(Zum 30. Mai 1844)

Lebt wohl, es kann nicht anders sein!
Spannt flatternd eure Segel aus,
Laßt mich in meinem Schloß allein,
Im öden geisterhaften Haus.

Lebt wohl und nehmt mein Herz mit euch
Und meinen letzten Sonnenstrahl;
Er scheide, scheide nur sogleich,
Denn scheiden muß er doch einmal.

Laßt mich an meines Seees Bord,
Mich schaukelnd mit der Wellen Strich,
Allein mit meinem Zauberwort,
Dem Alpengeist und meinem Ich.

Verlassen, aber einsam nicht,
Erschüttert, aber nicht zerdrückt,
Solange noch das heil'ge Licht
Auf mich mit Liebesaugen blickt.

Solange mir der frische Wald
Aus jedem Blatt Gesänge rauscht,
Aus jeder Klippe, jedem Spalt
Befreundet mir der Elfe lauscht.

Solange noch der Arm sich frei
Und waltend mir zum Äther streckt,
Und jedes wilden Geiers Schrei
In mir die wilde Muse weckt.

Anhang

Nachwort

In der Poetisierung der Welt sah der Romantiker seine
Aufgabe. Was dadurch entstand, waren poetische Gegen-
welten, alternative Wirklichkeiten, konkrete Phantasien –
und das europaweit. Denn die Romantik ist nur begreifbar
als ein europäisches Ereignis mit deutschen Epizentren
wie Jena, Heidelberg und Berlin. Romantisches Bewusst-
sein mit seinen kosmischen Dimensionen und ihrer blau
blumigen Flora entwickelte sich auf den Höhen um Bris-
tol, wo Samuel Taylor Coleridge seine Harfe in den See-
wind stellte ebenso wie im von Alexander Puschkin bereis-
ten Kaukasus; in der Kartäuser-Klause in Valldemosa, wo
Chopin und George Sand romantische Gefühle unter er-
schwerten Bedingungen probten, wie im ›Liebesapril‹ des
zu Unrecht vergessenen großen griechischen Romanti-
kers, Dionysos Solomos, der die Verse schrieb: »Im See
schmilzt der Hof des Mondes/und etwas reglos Weißes
scheint in sein Licht gekleidet.«

Das Romantische war ein durch und durch musikalisches
Phänomen, welches den Tag zum musikalischen Nacht-
spiel, dem Notturno, werden ließ und die musikalische
Improvisation, das Impromptu, zum Dauerzustand.

Das Romantische verklärt und entlarvt, beschwört im
Lake District Natur und im Pariser Salon das Parfüm. Pig-
mente der Blauen Blume finden sich noch in den ›Fleurs

du Mal‹. Romantik versuchte, alles mit allem in Beziehung zu setzen: Wissenschaft mit Religion, Mythos mit Vernunft, Bewusstes mit Unbewusstem. Die Romantik beschreibt ein einzigartiges Gefühlsexperiment, das noch in der symphonischen Welt Gustav Mahlers nachbebt und darin ihr modernistisches Potential zum Erklingen bringt. Der Romantiker denkt poetisch und lyrisiert jede Empfindung und jedes Abstraktum. Er steht im Schlagschatten der Politik, schwankt zwischen nationaler Gebärde und (religiös inspiriertem) Europäismus. Er versucht das Phänomen Napoleon zu verarbeiten (Stendhal und Heine) und wird angesichts der Restauration melancholisch. Er verkleidet sich als Bürger und bleibt doch eine skurrile Figur nach Maßgaben E. T. A. Hoffmanns, Jean Pauls und Carl Spitzwegs. Der Romantiker ist der Bürger im Sternenkleid, das ihn unsichtbar umflort. Er befindet sich mitten im Waldesrauschen und der Waldeinsamkeit, auch wenn er in Berliner Amtsstuben sein Dasein fristet. Er ahnt das Heroische, will Tuchfühlung mit ihm aufnehmen, will etwas Don Juan, etwas Manfred, etwas Mazeppa sein (die beiden letzteren Dichtungen Lord Byrons wurden Robert Schumann und Franz Liszt Vorlagen für deren heute bekanntere Tondichtungen gleichen Titels) und bleibt doch nur ein Don Quichotte. Mit dem Rauschhaften experimentiert er, geht auf in Hector Berlioz' ›Symphonie fantastique‹ und in der Lektüre der Opiumerfahrung Thomas de Quinceys. Immer sucht er nach einem: dem Weiblichen, nach der Frauen Liebe und Leben. Und so geht der

Streit der Geschlechter auf im Schwärmen und todestrunkenen Gefühlskult, was immerhin zu emanzipatorischen Gesten, manchmal Selbstinszenierungen führt, bei der jungen Droste etwa, bei George Sand und Bettine von Arnim.

Poetisierung der Welt – was das bedeutet, formuliert Friedrich Schlegel im 216ten Fragment seiner Zeitschrift ›Athenäum‹: Die Poesie »umfasst alles, was nur poetisch ist, vom größten wieder mehrere Systeme in sich enthaltenden Systeme der Kunst, bis zu dem Seufzer, dem Kuss, den das dichtende Kind aushaucht in kunstlosem Gesang.« Diese romantische Ambition, buchstäblich alles dem Prinzip der Poetisierung zu unterwerfen, verweist auf ein Paradoxon: die Romantik kommunizierte auf künstlerisch-intellektuellem Wege etwas, was sich einer genauen Definition entzog. Sie verdankte sich einer übersteigerten Kritik an der Vernunft, zu der sich gerade ihre frühen Vertreter durch das Studium Kants legitimiert fühlten. Romantiker liebten die Aufklärung, sofern sie ihnen den Weg zur »mondbeglänzten Nacht« weisen konnte. Sie lasen Kant, bis sie sein Prinzip vom »bestirnten Himmel über mir und dem moralischen Gesetz in mir« umkehren und den »bestirnten Himmel« in sich selbst wahrnehmen konnten. Sie trieben Bewusstseinskritik, um dem Unbewussten zu seinem Recht zu verhelfen. Und sie sahen im Traum den Zwillingsbruder der Vernunft.

II

Romantisch sein heißt: mit geschärften Sinnen durch die Welt gehen – bei Tage und bei Nacht. Romantisch sein bedeutet: nicht nur zu hören, sondern zu lauschen; nicht nur zu sehen, sondern zu schauen; nicht nur zu riechen, sondern zu schmecken; nicht nur zu tasten, sondern zu durchdringen. Romantisch sein meint: gefühlssinnig, tiefensinnig, nüchternen Blicks gefühlssüchtig werden.

Die Romantik kennt Motive, aber nur scheinbar Entwicklungsphasen; antizipierte doch schon der Frühromantiker das spätromantische Interesse am Letzten, Finalen, am Aussingen des Geträumten, und der Spätromantiker erinnerte sich der musikalischen Weltdeutung, wie sie die unzähligen Musikergestalten der frühen romantischen Dichtung bereits vorgeführt hatten.

Die Romantik wollte Vertiefung – auch des Klanges, Rückkehr in eine vermeintliche Urheimat, die sie in sprachlich-poetischer Hinsicht im Sanskrit wähnten. Überhaupt »wähnten« sie vieles. Wähnen ist mehr als Ahnen. Wähnen meint intensivierte Ahnung, verweist auf die Fusion von Traum und Intuition, von Wahn und Wirklichkeit, von Ahnung nur als gesteigerter Gegenwart. Wähnen ist spekulativ und geheimnisvoll; es richtet sich auf das gerade noch Bestimmbare im Unbestimmten, auf vage Konturen und das Geheimnisvolle im Dunkeln. Der Romantiker kultivierte dieses Wähnen; und als es Frieden fand, in Wahnfried, dem Haus Richard Wagners im urromantischen

Jean Paul-Bezirk Bayreuth, hatte eine Epoche scheinbar ihr Ende gefunden. Doch starb er eben dort nicht, sondern in einem venezianischen Palazzo, am Wasser, nach der Umsegelung eines Zeitalters der Widersprüche, der revolutionierten Romantik. Fliegenden Holländern, ewigen Juden glichen sie alle, die Romantiker, unablässig Reisenden, auch wenn sie an einem Ort verharrten. Luftschiffer waren sie auf erträumten Strecken; mit dem Unendlichen verkehrten sie, bewegten sich in imaginierten Räumen. Manche von ihnen reisten »wirklich«, Chamisso etwa, Liszt und Lenau, die Nazarener nach Rom und Orvieto, Byron in sein griechisches Abenteuer, das für ihn so unheldisch endete.

Ein eigenes Kapitel, ohnehin: die Romantiker und Griechenland, die Romantiker und Polen, die Romantiker und der Traum von der Revolution. Bemerkenswert immerhin, dass sie im Falle Griechenlands nicht einem klassischen Ideal nacheiferten, sondern das Griechenland ihrer Zeit meinten, den Zustand von Hellas um 1825, die Rebellion gegen das Osmanische Reich. Wozu die Romantiker sich jedoch nicht hinreißen ließen: zu einem blindwütigen Verdammen des Islam. So blieben denn auch Romantik und ein Idealbild des Orientalischen unlösbar miteinander verbunden.

Der Orient galt Romantikern als Ort des Rausches, des Triumphs der Sinne über den Willen. Das Orientalische verwies auf eine ungeheuere Buntheit, auf Farbentfaltung und unendliches Erzählen. So wie Delacroix und Ingres auf der Leinwand orientalisierten, so tat es der geradezu bestürzend geniale Wilhelm Hauff auf der Bühne des Fabulierens.

Romantisch sein, das forderte scheinbar frühe Vollendung, frühes Sterben, früh das Späteste durchdenken. Was diese Frühvollendeten an Todessehnsucht aussprachen, wurde zu einem großen Manifest gegen das Sich-Selbst-Überleben. Davor schienen sie mehr Angst gehabt zu haben als vor dem Tod: Novalis, Schubert, Keats, Shelley, Hauff, die Günderrode, Puschkin: Medizinisch oder seelisch war ihnen auf Erden nicht zu helfen. Anderen half die Ironie – niemandem mehr als Heine. Und die Spätesten unter den Spätromantikern hatten die Furcht vor dem Sich-Selbst-Überleben abgelegt; manche von ihnen erreichten sogar noch die Schwelle zur Moderne, Turner natürlich, auch Liszt in seinen letzten Klavierstücken ebenso wie der späte Brahms.

Poeten waren sie alle – ob am Klavier (Schubert, Chopin und Schumann waren Tastendichter; Mendelssohn wusste, dass es keiner Worte mehr bedurfte, um zu dichten!), an der Staffelei, im Skizzenbuch, mit oder ohne Reimschema. Der am Klassischen geschulte Romantiker, Mörike, handhabe rhythmisch-metrische Variationen am virtuosesten und fand gleichzeitig zu entwaffnender Gefühlsschlichtheit im Ausdruck. Die optisch versierten Dichter arbeiteten mit Worten als mischten sie sie auf einer Sprachpalette und trügen sie dann auf eine Leinwand auf. Die tonkünstlerisch Begabten unter ihnen stellten ihre Sprachharfen in den Wind der Zeit, hörten darin die Melodie eines Ewigen. Heine, der von allen im Pariser Exil am intensivsten mit Bildkünstlern, Musikern und Intellektuellen verkehrte, blieb dabei nur einem treu: sich selbst und seiner Ironie, seinem Schmerz über seelische Nöte und politisches Scheitern.

III

Lieder wollten sie singen von Liebe und Herzeleid, die Minnesänger ohne Höfe; Lieder vom Waldesrauschen und vergangenen Zeiten, die ihnen zukunftsträchtig vorkamen; Lieder von »vermählten Jahreszeiten«, von Einsamkeit und scheinbarer Geselligkeit; Lieder für eine imaginierte Musik. Die Poesie der Romantik ist ein wortklanglicher Zeitspiegel, etwas lange Vergangenes mit einer bleibend großen Zukunft. Es ist eine Poesie voller Konjunktive; sie spricht von Möglichkeiten, Wünschen, Sehnsüchten, Ängsten, von Obdachlosigkeit, Exil und transzendentaler Neubeheimatung.

Nichts wäre verfänglicher, verfehlter, als diese Poesie »harmlos« zu nennen. Über ihr liegt das »Zwielicht«, das Eichendorff so unübertrefflich in Worte fasste. In ihr ruht ein Gefühlspotential, das nur unterschätzen kann, wer nicht genau zu entziffern versteht. Im Winter sei der Zyklus ›Die Schöne Müllerin‹ zu lesen, meint ihr Verfasser, Wilhelm Müller, wenn es kalt ist und nur die Erinnerung an Liebe wärmt, wenn es darum geht, sich zu bescheiden, auf das Wesentliche zu konzentrieren: »Ja, heißt das eine Wörtchen, / Das andre heißet Nein, / Die beiden Wörtchen schließen / Die ganze Welt mir ein.«

Romantische Poesie verstand sich auch als ein Versuch, mit lyrischen Mitteln einer seinerzeit wachsenden Beunruhigung über tief greifende Veränderungen im Leben entgegenzuwirken. So entdeckte die Romantik das Unbewusste, Untergründige im eigenen Dasein, gab ihm Ausdruck, versuchte es aber gleichzeitig auch zu bannen. Die Beschleunigung der Lebenserfahrung, die zunehmende Technisierung der Welt, naturwissenschaftliche Entdeckungen (Liebig arbeitete an der Entwicklung des Kunstdüngers, während Georg Büchner ein paar Häuser weiter an zu seiner Zeit Unpublizierbarem schrieb), erste Ahnungen von der Proletarisierung (etwa der Weber und Kohleförderer), unterschiedlich fortgeschritten in den europäischen Ländern, zeitigte ein verstärktes Bedürfnis nach emotionaler Verankerung. Müller-Idylle gegen Großmühlen, das bedeutete auch den Einbruch des ökonomischen Realismus in die Märchenwelt. Doch die raue Wirklichkeit suchte poetische Wiederverzauberung. Der Kapitalismus schien in Gestalt des märchenhaften Goldesels erfreulicher; und die häusliche Gewalt mochte für Kinder durch die poetische Bildlichkeit so manch eines Märchens erträglicher gewesen sein.

Auch die Romantik – und insbesondere ihre Poesie – hatte sich dem Aufklären, aber gleichzeitig dem Verklären verschrieben; sie klärte auf über die Gefühlswelt, erhellte das Dunkel in der Seele, erneuerte jedoch in den Waldesschluchten von Carl Maria von Webers Oper ›Der Freischütz‹ den Teufelspakt, suchte das Wesen des Weiblichen im Undinenhaften zu erkennen, was noch in Alexander Zemlinskys spätestromantischer Tondichtung ›Die Seejungfrau‹ von 1905 nachzuvollziehen ist. Sie pluralisierte den Geist zu Geistern, gab sich christlich und huldigte den heidnischen Feen. Sie engagierte sich in dem, was man heute eher schnöde »Kulturtransfer« nennt, indem sie die Übersetzungskultur auf ungeahnte Höhen führte. Wo die Aufklärung nach Gründen fragte, verwies die Romantik auf Abgründe, in denen sie gleichsam die Steigerungsform von Ursachen erkannt zu haben schien.

IV

Fünf Motivkreise stellt diese Anthologie vor. Wie ja überhaupt die Romantik die Kreisform bevorzugte, den gesellschaftlich-poetischen Zirkel, den Liederkreis, den Zyklus. Dass Clemens Brentano seiner Schwester Bettine schon im Jahre 1808 den Auftrag gibt, nach seinem Tod die Briefe an sie, zu einem »Kranz« geflochten, herauszugeben, versteht sich beinahe von selbst. Und Bettine wird dem Bruder posthum diesen Wunsch unter dem Titel ›Clemens Brentano's Frühlingskranz‹ auch erfüllen (1844). Das In-sich-Kreisen und Entgrenzen war beides romantischer Zug.

Bettine, vielleicht die schwärmerischste, romantischste, poetischste, aber auch zu kritischem Vernunfturteil, Sozialkritik und subtilem, selbst den preußischen König beeindruckenden politischem Urteilsvermögen fähige Romantikerin, schrieb zwar selbst keine oder kaum nennenswerte Gedichte. Aber sie schrieb einen Satz, der gleichsam die Quintessenz romantischer Lyrik und auch dieser fünf Kreise ausdrückt: »Es küsst uns jedes Wort im Gedicht, alles aber, was nicht gedichtet ist, das ist nicht gesprochen, das ist nur gegautzt, wie die Hunde.«

Sprache, so Bettine, müsse die Seele berühren, müsse intim werden mit dem Leser. Und eben das versucht die romantische Poesie: Intimverkehr mit der Seele des Lesers zu haben – oder mit seinem kritischen Geist, wenn sie sich in ironischem Gewand vorstellt. Oder verstellt.

Romantische Poesie ist Spracherotik von höchsten Graden, will verbalen Genuss und Vollzug des Verhältnisses zwischen Wort und Leser, Sprecher und Hörer im poetisch-performativen Akt. Denn der Großteil dieser Poesie drängt zum Lied, zum Gesungenwerden. Romantische Gedichte machen keinen Hehl aus ihren Sehnsüchten und Enttäuschungen. Sie sprechen in Zauberformeln und suchen geistigen Lustgewinn, wobei sie von Todesahnungen gezeichnet sind und vom Dunkel des Unbekannten mal konturiert, mal durchdrungen.

Sprache müsse vom Blütenstaub befruchtet sein, meinte Novalis. Und Bettine fragt: »Tanzen die Blumen nicht? – Singen sie nicht? – Schreiben sie nicht Geist in die Luft?

Malen sie nicht sich selbst ihr Innerstes in ihrem Bild?«
Diese Fragen trugen weit – bis hin zum späten Justinus
Kerner, der seine letzte Gedichtsammlung ›Winterblü-
then‹ nannte (1859), einer der vielen Schlusspunkte der
Romantik, die letzten Gedichte Eichendorffs gehören
dazu, Feuerbachs späte Gemälde, die Balladen Tennysons,
die letzten Gedichte von Robert und Elizabeth Browning,
Liszts musikalische Evokationen von Nebel und Venedig-
Erinnerungen, die verschwindenden Ichs in den Novel-
len von E. A. Poe, die dunstverschleierten Gemälde von
Whistler. Freilich: wenn sich die abschließenden Punkte
solchermaßen vermehren, werden aus ihnen Zeichen für
einen offenen Schluss.

V

Warum eine neue Anthologie zur Poesie der Romantik?
Um uns daran zu erinnern, was es heißen könnte, den
romantischen Anspruch der Poetisierung der Welt einzu-
lösen. Um uns zu erinnern an diese lyrisch so unvergleich-
lich fruchtbare Epoche oder Kulturphase, in der Bewuss-
tes und Unbewusstes ihre Symbiose entdeckten.

Anthologisieren, was ist das? Die Lust am Aufspüren,
Fährtenlesen, Finden. Die Freude am Unerwarteten, das
neue Zusammenstellen von Bekanntem, das wechselseiti-
ge Beleuchten von Texten. Es ist als stellte man Gedichte
aus wie Bilder in einer Galerie, als hängte man sie neu. Der

Anthologe lernt am meisten vom Kurator einer Ausstellung; wird er doch zum Kurator von Textexponaten.

Anthologie: Das bedeutet wörtlich der *Logos*, das Wort, die Lehre von Blumen, Blüten und Höhepunkten, eine lyrische Blütenlese also, aber auch eine Lese von den besten, ungewöhnlichsten poetischen Erzeugnissen einer Kulturepoche. Kultur ist Arbeit, Deutungsarbeit; Anthologien liefern Anlässe zu solcher Arbeit. Je unablässiger eine solche Arbeit ist, je lebendiger die entsprechende Kultur. Gespür und Überlieferungswissen ergänzen einander bei dieser Arbeit.

Natürlich fehlt in unserer Anthologie mehr als sie enthalten kann; aber sie beinhaltet neben dem unverzichtbaren Grundbestand »bekannter« Gedichte der Romantik eine ganze Fülle kaum noch präsenter Dichter und Poeme: Justinus Kerner gehört dazu und Friedrich Bach, Hermann Kurz und Friedrich Th. Vischer. Aber auch Grenzgänger zwischen der Romantik und anderen Kulturphasen wie Klassik und Realismus haben in diesen Band Aufnahme gefunden, Wilhelm Waiblinger etwa, Gottfried Keller, C. F. Meyer und Paul Heyse; ihre Gedichte haben etwas von Tangenten im Verhältnis zur Romantik, ihre Worte gleichen Berührungspunkten mit den romantischen Kreisen.

Bedenkt man auch nur ansatzweise, was alles über die Romantik und das Romantische gesagt worden ist – immens Erhellendes, Erschließendes, aber auch Unsägliches –, dann lastet auf solchen Sammlungen freilich etwas

Unerfüllbares: die *eine* repräsentative Auswahl aus der romantischen Dichtung kann es nicht geben. Sie ist nicht einmal erstrebenswert. Sinnvoll erscheinen Anthologien, die bestimmte thematische Schwerpunkte setzen, auch beinahe vergessene Stimmen wieder erklingen lassen. Anthologien können gar nicht anders als sich zum »Prinzip Subjektivität« bekennen.

In einem ernsten Scherzgedicht sagte Justinus Kerner einmal: »Ein Kritikus schrieb einst von meinen Liedern: / ›Einteilen möchte ich sie‹ – ich konnte nichts erwidern – / ›In goldne, silberne und die von Eisen.‹ / Wie würd' er jetzt die allerneusten heißen? / Du lieber Gott! Ich fürchte, dass er sage: / ›Das sind die ledernen der alten Tage.‹«

So verständlich die Bemühung um inhaltliche Akzentsetzungen auch ist, sie setzt ein Kategorisieren voraus, das seinerseits nichts anderes sein kann als relativ. Jeder Zeit ihr Bild von der Klassik, der Romantik und dessen, was man etwas hilflos »Realismus« nennt. Jeder Zeit ihr Verständnis von dem, was an diesen Kultur-und Bewusstseinsphasen »modern« war und was nicht. Es gibt Epochen, deren Wiederkehr unwahrscheinlich ist: die Aussichten für das Barock oder das Rokoko etwa sind in dieser Hinsicht herzlich schlecht. Das Romantische dagegen versteht sich immer auch als eine seelische Grundbefindlichkeit, deren Liebeskonzeption nicht einmal durch die Befruchtung *in vitro* oder durch die avancierteste Genforschung auflösbar scheint. Aber vermutlich gelingt es irgendeinem Labor demnächst, das für romantisches Empfinden verantwortliche Gen zu identifizieren und zu replizieren. Aber selbst dann noch wäre das »Zwielicht« des Romantikers die gefragteste Beleuchtungsform für die menschliche Existenz in ihrem scheinbar unendlich erweiterbaren, aber gekrümmten Gefühlsraum.

Rüdiger Görner

Quellennachweis

Achim von Arnim (1781–1831)
Der alte Dichter 113
In: Ariel's Offenbarungen. Hrsg. v. Jacob Minor. Weimar 1912.
Die Zeit 114
In: Gedichte. 2. Teil. Hrsg. v. Herbert R. Liedtke und
Alfred Anger. Tübingen 1976.

Friedrich Bach (1817–1865)
Der Baum 49
Der Quell 50
Nachtphantasien 29
In: Gedichte. Hrsg. v. Julius Reinwarth. Bibliothek deutscher
Schriftsteller aus Böhmen. Bd. III. Prag 1900.

Clemens Brentano (1778–1842)
Auferstehung und Metamorphose 48
Geheime Liebe 87
Hörst du wie die Brunnen rauschen 22
In Lieb'? – In Lust? – im Tod? Verschmachtet? trunken? 147
Nachtigall 21
Schwanenlied 146
In: Werke. Hrsg. v. Wolfgang Frühwald und Friedhelm Kemp.
München 1968.

Adelbert von Chamisso (1781–1838)
Die letzten Sonette 136
In: Sämtliche Werke in zwei Bänden. Bd. I. München 1982.

Franz von Dingelstedt (1814–1881)

In: Sämtliche Werke in zwölf Bänden.
Bd. VII: Lyrische Dichtungen. Berlin 1877.

Annette von Droste-Hülshoff (1797–1848)

In: Sämtliche Werke in einem Band.
Hrsg. v. Clemens Heselhaus. München 1966.

Joseph von Eichendorff (1788–1857)

In: Sämtliche Gedichte. Hrsg. v. Wolfdietrich Rasch.
München 1975.

Franz Grillparzer (1791–1872)

In: Werke. Hrsg. v. August Saner und Reinhold Backmann.
München 1971.